身になる練習法

ソフトテニス
攻撃力を高める技術と戦術

著 **野口英一** 文大杉並高校ソフトテニス部監督

INTRODUCTION
はじめに

　スポーツは、まず楽しいということが一番大事だと思います。ソフトテニスを始めたばかりの選手に最初に教えるのは、ボールを打ってみること。素振りをするよりも、ボールを打つことのほうが楽しいからです。まずはボールを打つ楽しさを知り、その後はどうやってコートの中に入れるかを考える。一から十まで教えるのではなく、子どもたちに自分で考えさせることが大切だと思っています。

　私自身、体を動かすことが大好きで、子どもの頃からいろいろなスポーツを経験してきました。しかし、ソフトテニスのプレーヤーとしては、決して一流だったわけではありません。

　ソフトテニスを始めたのは中学生のとき。高校ではソフトテニス、サッカー、ハンドボールと三つの部活を掛け持ちし、東京学芸大学受験の際、専門種目はサッカーで受けました。大学でもサッカーを続けるつもりでしたが、当時はスポーツ用のメガネも、ソフトのコンタクトレンズもなく、メガネをかけているとプレーに影響が出るために断念。メガネをかけたままでプレーができるソフトテニス部に入り、中学・高校時代にやっていた後衛ではなく、どうせなら新しいことをやろうと思って前衛に転向しました。

　国立大学の弱小チームであり、一部の強豪大学の選手にはまったく勝てません。10回くらい対戦して一度も勝てなかった選手もいます。いつも彼らはなんでこんなにうまいのだろう？と考えていました。大会では早々に敗退するため、他の選手の試合を見る時間はたくさんあります。もともと負けず嫌いで、研究するのも好きな性格だったこともあって、トップ選手のプレーを見て勝つための研究を重ねてきました。自分が二流、三流の選手だったおかげで、見て考えることを学び、それが現在の指導にも生きているのです。

　本書ではいろいろな練習法を紹介していますが、正解は一つではありません。ここで紹介されている内容をヒントに、自分で考えていけば、もっとテニスが楽しくなるし、もっとうまくなれると思います。意欲を持って取り組んでいきましょう。

野口英一

CONTENTS
目次

2 ──── はじめに

第1章 グラウンドストロークの基本と練習

- 8 ──── Menu001 フォアハンドストロークのトス打ち
- 12 ──── Menu002 バックハンドストロークのトス打ち
- 16 ──── Menu003 3コースのストロークラリー
- 18 ──── Menu004 2対1のコース打ち分けラリー
- 19 ──── Menu005 3対1のコース打ち分けラリー
- 22 ──── Menu006 手投げトスの2本打ち
- 26 ──── Menu007 ライジングの1本打ち
- 28 ──── 野口英一監督の50音テニス語録　あ行編

第2章 ネットプレーの基本と練習

- 30 ──── Menu008 フォアボレーの1本打ち
- 39 ──── Menu009 スマッシュの1本打ち
- 42 ──── 野口英一監督の50音テニス語録　か行編

第3章 グラウンドストロークで攻撃的にプレーする

- 44 ──── Menu010 10人ストローク
- 46 ──── Menu011 両アレーをねらっての1本打ち
- 48 ──── Menu012 ランニングストロークの1本打ち
- 50 ──── Menu013 ランニングストロークの連続打ち
- 52 ──── Menu014 手出しトスのランニングストローク
- 54 ──── Menu015 前後ストロークの4本打ち
- 56 ──── Menu016 前衛をつけてのクロスからの攻撃パターン①
- 58 ──── Menu017 前衛をつけてのクロスからの攻撃パターン②
- 60 ──── Menu018 前衛をつけての逆クロスからの攻撃パターン
- 62 ──── Menu019 ノーバウンドでの連続50本打ち

63	Menu020	足を決めての連続打ち
64	Menu021	バックハンドのノーバウンド連続50本打ち
65	Menu022	ライジングの連続打ち
66	Menu023	アプローチショットの3コース打ち
68	Menu024	ショートクロス、クロス、センターからの連続打ち
70	**野口英一監督の50音テニス語録　さ行編**	

第4章　ネットプレーの攻撃と守備

72	Menu025	ボレーのフォア＆バック連続打ち①
74	Menu026	ボレーのフォア＆バック連続打ち②
75	Menu027	ボレーのフォア＆バック連続打ち③
76	Menu028	ボレーのフォア＆バック連続打ち④
77	**野口英一監督の50音テニス語録　た行編**	
78	Menu029	スマッシュの連続打ち①
80	Menu030	スマッシュの連続打ち②
81	Menu031	スマッシュの連続打ち③
81	Menu032	スマッシュの連続打ち④
82	Menu033	前進スマッシュの連続打ち
84	Menu034	6コースボレー
88	Menu035	前衛の連続プレー①ボレー＆スマッシュ
89	Menu036	前衛の連続プレー②ボレー＆ローボレー
90	Menu037	前衛の連続プレー③ローボレー＆スマッシュ
91	Menu038	前衛の連続プレー④ボレー＆スマッシュ＆ローボレー
92	Menu039	10本ボレー
93	Menu040	3対1のローボレー
94	Menu041	3対1のローボレー（レベルアップ）
95	Menu042	50cmボレー
96	Menu043	移動ボレー＆スマッシュ
98	Menu044	4種類のスマッシュ練習
102	**野口英一監督の50音テニス語録　な行編**	

第5章　後衛と前衛の応用練習

104	Menu045	前衛をつけてのランニングストロークの1本打ち
106	Menu046	前衛をつけてのランニングストロークの1本打ち（バックサイドからフォアサイドへ）
108	Menu047	前衛をつけてのストローク7本打ち
112	Menu048	7本打ちからの1分間
113	Menu049	前衛をつけのストローク7本打ちレベルアップ編
114	Menu050	1対1のボレー対ストローク

116	Menu051	レシーブからのローボレー
117	Menu052	サービスからのローボレー
118	Menu053	2対2のネットプレーvsストローク
120	Menu054	前衛2人対後衛1人のボレーvsストローク
122	Menu055	後衛2対前衛1人のストロークvsボレー

第6章　実戦練習

124	Menu056	ストローク&ネット
128	Menu057	①番レシーブからの攻撃パターン
129	Menu058	前衛の①番レシーブからの攻撃パターン
130	Menu059	②番レシーブからの攻撃パターン
132	Menu060	前衛の②番レシーブからの攻撃パターン
133	Menu061	③番レシーブからの攻撃パターン
134	Menu062	前衛の③番レシーブからの攻撃パターン
136	Menu063	④番レシーブからの攻撃パターン強化
138	Menu064	前衛の④番レシーブからの攻撃パターン
139	Menu065	⑤番レシーブからの攻撃パターン
140	Menu066	前衛の⑤番レシーブからの攻撃パターン
141	Menu067	⑥番レシーブからの攻撃パターン
142	Menu068	前衛の⑥番レシーブからの攻撃パターン
143	Menu069	⑦番レシーブからの攻撃パターン
145	Menu070	前衛の⑦番レシーブからの攻撃パターン
146	Menu071	⑧番レシーブからの攻撃パターン
147	Menu072	前衛の⑧番レシーブからの攻撃パターン
148	Menu073	⑨番レシーブからの攻撃パターン
149	Menu074	前衛の⑨番レシーブからの攻撃パターン
151	Menu075	移動ネットを使ったレシーブ練習
152	Menu076	ダブルフォワード同士のゲーム形式練習
159	Menu077	世界一周
159	Menu078	2面ストローク／3面ストローク
160	Menu079	2面ボレー／3面ボレー
161		**野口英一監督の50音テニス語録　は行編**
162		サービスの種類と打ち方
168		練習メニューの組み方
170		**野口英一監督の50音テニス語録　ま行編**
171		**野口英一監督の50音テニス語録　ら行編**
172		**野口英一監督の50音テニス語録　や・わ行編**

| 173 | | **おわりに** |

本書の使い方

本書では、写真や図、アイコンなどを用いて、一つひとつのメニューを具体的に、よりわかりやすく説明しています。写真や"やり方"を見るだけでもすぐに練習を始められますが、この練習はなぜ必要なのか？ どこに注意すればいいのかを理解して取り組むことで、より効果的なトレーニングにすることができます。普段の練習に取り入れて、上達に役立ててみてください。

▶ **得られる効果が一目瞭然**
練習の難易度やかける時間、あるいはそこから得られる能力が一目でわかります。自分に適したメニューを見つけて練習に取り組んでみましょう。

▶ **知っておきたい練習のポイント**
この練習がなぜ必要なのか？ 実戦にどう生きてくるのかを解説。また練習を行う際の注意点を示しています。

そのほかのアイコンの見方

 より高いレベルの能力を身につけるためのポイントや練習法です

第1章
グラウンドストロークの基本と練習

試合では後衛と前衛のポジションの違いがあるソフトテニスですが、基本ショットに関しては、ポジションの違いにかかわらず習得しておく必要があるでしょう。第1章では、グラウンドストロークの基本と基本練習について紹介していきます。

フォアハンドストローク

ストロークで「1」をつくる
ねらい

Menu 001 フォアハンドストロークの
トス打ち

難易度 ★☆☆☆☆
時間 10分

習得できる技能
▶ 基礎固め
▶ 攻撃力（スピード養成）
▶ 攻撃力（コントロール）
▶ 攻撃力（リズム・タイミング）
▶ 前衛（力）
▶ 戦術（セオリー）
▶ 発想力

やり方
フォアハンドストロークで1本打ちを行う。まずは基本のアンダーストロークで行い、徐々にどのような高さでも打てるようにしていく。

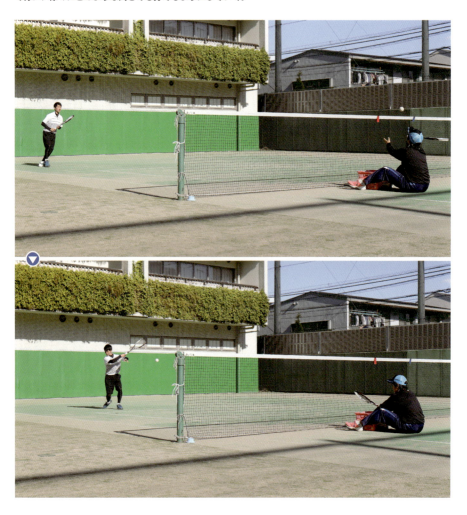

! ポイント ストロークの基本である「1」をつくる

「『1』をつくる」とは、軸足が決まったときに、テークバックが終了していることです。これはストロークに限らず、ボレーやすべてのショットで同じです。これがソフトテニス指導における根幹となっています。

? なぜ必要？

準備の早さが正確なショットにつながる

なぜ「『1』をつくる」ことが重要かというと、ショットを打つにあたって準備を早くすることで、余裕が生まれるからです。ミスの8割は準備の遅れによるもの。これを理解すると、いかに早い準備が必要かよく分かるはずです。

アンダーストローク

低いバウンドのボールに対して、ヒザを深く曲げ、地面から低い打点でとらえるのがアンダーストローク。短いボールに対して、返球するときに必要なショットです。

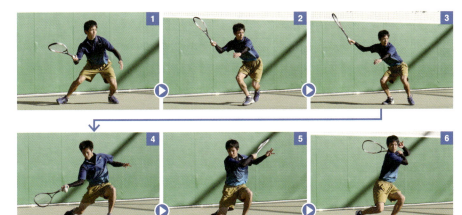

2 「1」をつくる。ラケットを引くと同時に、軸足（後方の足）に重心を乗せる
3 軸足に乗せた体重を前方の足に移動させながらラケットを振りだす
4 インパクト
5 フォロースルー

「1」ができていないとショットのミスにつながる

「1」がつくれていなかったり、「1」をつくるのが遅くなると、インパクトに間に合わないなどのミスにつながります。また、「1」をつくることで、上半身のひねり戻しを使って打球を打つこともできます。まずは「1」をつくることを意識して練習しましょう。

フォアハンドストローク
フォアハンド

サイドストローク

腰の高さで打つサイドストロークは、ソフトテニスのプレーの中で最も使用頻度の高いショット。ラケットをスイングする際、体重移動と上半身のひねり戻しを両方使って、ボールにパワーを伝えます。

トップストローク

高い打点でとらえられれば、攻撃的なショットを打つことができます。相手のショットが甘くなったときなどは、肩から上の打点でとらえるトップストロークを打ちましょう。特に相手の打球が緩くきたときは、バック側でも回り込んで打つチャンス。写真は逆クロスからストレートに攻撃的に打っている局面です。

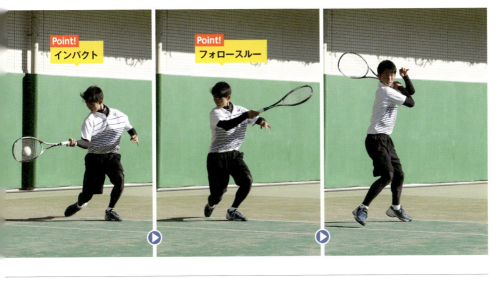

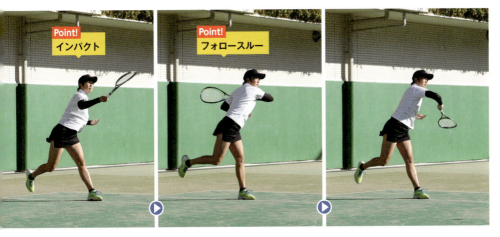

バックハンドストローク

ねらい ストロークで「1」をつくる

Menu 002 バックハンドストロークのトス打ち

難易度 ★☆☆☆☆
時間 10分

習得できる技能
▶ 基礎固め
▶ 攻撃力(スピード・球威)
▶ 攻撃力(コントロール)
▶ 攻撃力(リズム・タイミング)
▶ 制御(力)
▶ 戦術(セオリー)
▶ 発想力

やり方

バックハンドストロークで1本打ちを行う。まずは基本のアンダーストロークで行い、徐々にどのような高さでも打てるようにしていく。

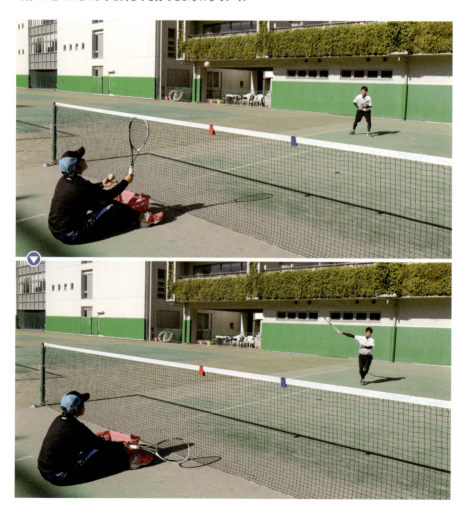

⚠ ポイント　より早い準備を意識する

バックハンドはターンをしたときに利き腕の右肩が前に出るので、打点は踏み込んだヒザの前になります。そのため、フォアハンドよりも打点が前になり、より早い準備が必要になります。準備が遅れると、打点が詰まってしまい、ミスの原因に。軸足を決めて、テークバックを完了した「『1』をつくる」状態をより早くつくることができれば、打点を前にとれるので、準備の遅れによるミスを防ぐことができます。

アンダーストローク

低いバウンドのボールに対して、ヒザを深く曲げ、地面から低い打点でとらえるのがアンダーストローク。バックハンドの場合は、フォアハンドよりも打点が前になるため、準備をより早くして打点が遅れないようにすることがポイントになります。また、体の回転を使って打つことも心がけましょう。

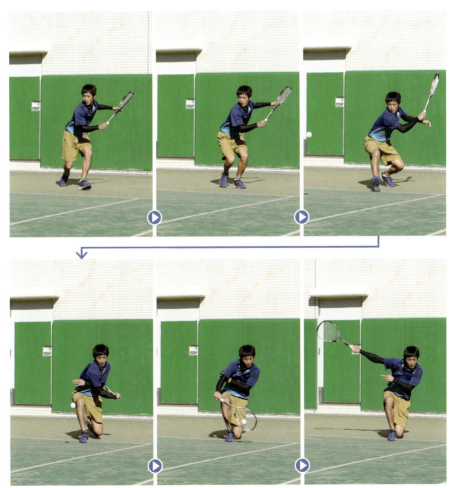

バックハンドストローク
バックハンド

サイドストローク

腰の高さで打つサイドストロークは、バックハンドストロークの中でももっとも攻撃的なショットが打てます。踏み込みによる体重移動と回転動作の両方を使って、打球にパワーを伝えます。

Point!
「1」をつくる

トップストローク

バックハンドのトップストロークは非常に難しいショット。肩の高さの打点にラケットをセットし、ラケットヘッドを下から上へ抜くようにスイングしていきます。腕だけのスイングにならないように体の回転を使って打ちましょう。

Point!
「1」をつくる

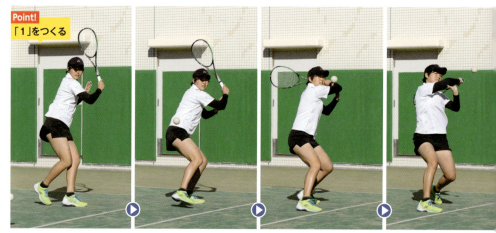

15

グラウンドストローク

ねらい コースを打ち分ける

Menu 003　3コースのストロークラリー

難易度　★☆☆☆☆
時間　10分

習得できる技能
- ▶ 基礎固め
- ▷ 攻撃力（スピード・威力）
- ▷ 攻撃力（コントロール）
- ▷ 攻撃力（リズム・タイミング）
- ▷ 鍛錬（力）
- ▷ 戦術（セオリー）
- ▷ 発想力

やり方
1面に6人入り、ベースライン上で、1対1でラリーを行う。クロス、ストレート、逆クロスの3コースそれぞれ10分ずつ打ち合う。

⚠ ポイント1
打点を意識する

ねらうコースへコントロールするには、まずは打点を意識して打つことが大切です。クロスへ打つには、ボールを前でとらえ、逆クロスに打つには、ややひきつけてボールを呼び込みます。
→ P17、【打点の違い】をCHECK!

⚠ ポイント2
深いボールを打つ

このラリーでは、まずはボールを深く打つことを心掛けましょう。実際の試合でボールが緩く、浅くなってしまうと、相手に攻撃されやすくなります。ボールを深く打つには、大きくフォロースルーをとることが大切です。
→ P17、【STEP UP】をCHECK!

❓ なぜ必要?
打ちやすいコース、苦手なコースは?

ストロークでは、打ち方や体の使い方などによって自分の好きなコース、苦手なコースなどがあるはずです。まずは自分がどのコースに打ちやすいか、どのコースが苦手かということを知ることが大事になります。その上で、どのコースへも確実に打てるように練習しましょう。また、クロスサイド、逆クロスサイドのほか、センターでも打ち合いますが、試合ではセンターから打つことも多くなるため、このポジションから打ち慣れておくことも大切です。

打点を変えてコースを打ち分ける

打点を前にとるとクロスに、また打点をやや遅らせ、ボールを
ひきつけて打つとストレート〜逆クロスに打ちやすくなります。

■クロス
打点を前にとる

■ストレート〜逆クロス
打点をやや遅らせる

STEP UP!　深いボールを打ち合おう

深いボールを打ち合うために、コート上にターゲットを置いて、それ
ぞれ打ち合ってみよう。このターゲットより深くにコントロールする。

グラウンドストローク

コースを打ち分ける

ねらい

Menu **004** 2対1のコース打ち分けラリー

難易度 ★★☆☆☆
時間 10分

習得できる技能
▶ 基礎固め
▶ 攻撃力(スピード重視)
▶ 攻撃力(コントロール)
▶ 攻撃力(リズム・タイミング)
▶ 防御(力)
▶ 戦術(セオリー)
▶ 発想力

やり方

2対1となり、ベースライン上でストロークを打ち合う。1人側はクロス、ストレートを意識して打ち分ける。写真のクロスコートからだけでなく、コートの逆クロスから、またセンターからも同様に両コースに打ち分けられるように行う。

⚠ ポイント

打点の違いでコースを打ち分ける

コートの深くにコントロールしながら、コースを打ち分けられるようになりましょう。打点を変えて打ち分けますが、流しコースに打つ際に打点が遅れすぎてサイドアウトのミスが起きることが多いので注意が必要です。

グラウンドストローク

ねらい コースを打ち分ける

Menu 005 3対1のコース打ち分けラリー

難易度 ★★☆☆☆
時間 10分
▶ 基礎固め

やり方

3対1となり、ベースライン上でストロークを打ち合う。1人側はクロス、ストレートのほか、センターへも打ち分ける。写真のクロスコートからだけでなく、コートの逆クロスから、またセンターからも同様に両コースに打ち分けられるように行う。

？ なぜ必要？

実戦ではセンターへ打つことも多い

実戦では相手が雁行陣ではなく、2人ともベースライン上にいるダブル後衛のスタイルのペアという場合もあります。そのダブル後衛のペアに対しては、ただ単にクロスやストレートに打ち分けるだけではなく、センターに打つことも有効。うまくセンターへのショットを打ち分けられるようになりましょう。

！ ポイント

3つの打点を覚える

3コースに打ち分けるため、より厳密なコントロールが必要になります。フォアサイドからセンターへ打つための打点はクロス（引っ張り）とストレート（流し）の中間。この3つの打点を練習の中で覚えます。

グラウンドストローク
コースを打ち分ける

比較しよう！ フォアハンドストロークのコース打ち分け

ソフトテニスでは、フォアハンドストロークで打つ割合が圧倒的に多く、このフォアハンドでコースを打ち分けることがゲームの組み立てや攻撃において重要になります。クロスコート、逆クロスコートのそれぞれでコースを打ち分けられるようになりましょう。

■ クロスコートからクロスに打つ

■ クロスコートからストレートに打つ

打点の位置を変えてコースをコントロールする

上の連続写真を見ても、コースによって打点が違うのが分かります。例えば、クロスコートから打つ場合、ストレートに打つときよりクロスに打つときのほうが打点は前にあります（→ **P17 を CHECK!**）。

■ 逆クロスコートから逆クロスに打つ

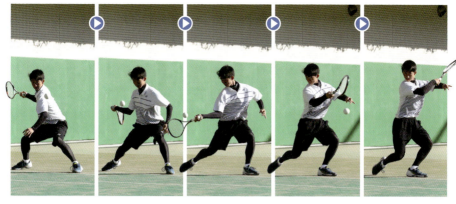

■ 逆クロスコートからストレートに打つ

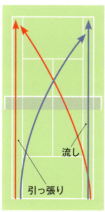

「引っ張り」と「流し」

ソフトテニスでは、自分の身体の内側方向へ打つ場合を「引っ張り」、また身体の外側方向へ打つ場合を「流し」というように表現します。例えば、クロスコートから打つ場合はクロス方向のコースへ打つことが「引っ張り」、ストレート方向のコースへ打つことが「流し」になります。また、逆クロスコートから打つ場合は、逆クロス方向に打つことが「流し」で、ストレート方向に打つことが「引っ張り」になります。技術的には「引っ張り」の場合、打点が前になり、「流し」の場合、打点はやや後ろになります。

グラウンドストローク

体のねじり戻しを使って打つ

Menu **006** 手投げトスの2本打ち

難易度	★★☆☆☆
回数	10分×2〜3セット

習得できる技能
▶ 基礎固め
▶ 攻撃力(スピード養成)
▶ 攻撃力(コントロール)
▶ 攻撃力(リズム・タイミング)
▶ 判断(力)
▶ 戦術(セオリー)
▶ 発想力

やり方

ベースラインの半面で、フィーダーは手投げで練習者の①フォア側、②バック側に交互に球を出す。これを練習者は①②どちらもフォアで打つ。①はストレートのアレー、②はクロスのアレーをねらう。逆クロスの半面で行う練習者は、①逆クロスのアレー、②ストレートのアレーをねらう。計10本がアレーに入るまで行う。レベルが上がったら、徐々にテンポアップして行う。

❓ なぜ必要?

フットワークを使って動きながらストロークを打つ

実際の試合では、ゆっくりと意識して「1」をつくっている余裕がないことも多い。連続して出されるトスに対して、フットワークを使って動く中でも、軸足設定をして「1」をつくり、踏み込み、体の回転を使って打つことを覚えましょう。

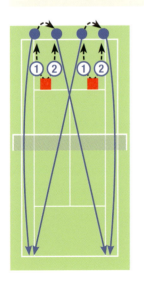

！ポイント 体の回転の使って打つ

特に、回り込むときに厳しいボールを出すことで、しっかりと体の回転を使って打つことが大事になります。また、回転動作だけでなく、しっかり踏み込みを使って体重移動して、ボールに力を伝えることも意識しましょう。

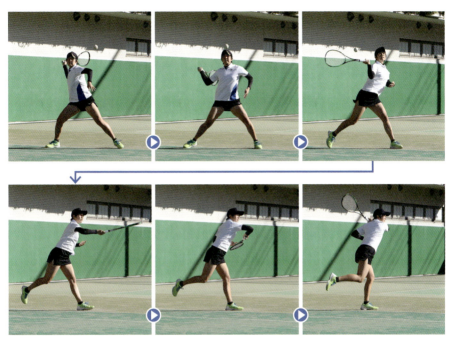

チーム練習では前衛もつけて行う

後衛のストローク練習では、ほとんどの練習が前衛をつけて行うことが可能です。この練習では対面するコートに前衛を立たせて、①ストレートのアレー、②クロスのアレー、どちらかのコースのみボレーをします。後衛は速いテンポの球出しでストロークを打つため、後衛もポーチと戻りを速いテンポで繰り返すことになり、ポーチボレーの技術的な練習とともに前衛のフットワークの練習としても効果的です。

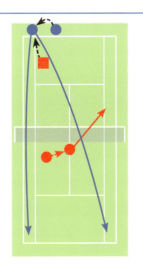
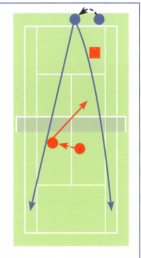

グラウンドストローク
体のねじり戻しを使って打つ

Level UP!

オープンスタンスでも打ってみよう！

やり方

Menu006と同様に、交互に出された①フォア側、②バック側の球に対して、練習者は①②どちらもフォアで打つが、その際、どちらの球に対しても、練習者はオープンスタンスでボールを打つ。

？ なぜ必要？

流しコースに打ちやすいだけでなく、身体の回転を使って打てる

オープンスタンスは、逆クロスから流しコースに打つときに打ちやすいスタンスであるというだけでなく、自分のバック側にきたボールに対して回り込んで打つときに、身体の回転を使って打つことができ、また相手に攻められて自分が踏み込む余裕がない状態でも身体の回転を使って打つことができるため、非常に便利なスタンスです。スクエアスタンス、クローズドスタンス、オープンスタンスのいずれのスタンスでも打てるようにする必要がありますが、基本練習時でも意識してオープンスタンスでのストロークを打てるようにしておくとよいでしょう。

！ ポイント　両足をベースラインと平行に開き、上体をグッとひねる

身体の回転を使って打つといっても、体重移動を行わないわけではありません。しっかり軸足を設定し、「1」をつくります。この状態から

左足を踏み込まずに、両足を開いた状態で十分に腰をひねり、そこから一気に身体を回転させると同時に、左足に体重を移します。

スタンスの違いと使い方

■ スクエアスタンス

打球方向に左足を踏み込む基本のスタンス。体重移動が使いやすいため、ボールに力を伝えやすいのがメリットで、このスタンスからはどのコースへも打ち分けやすい。特に、サイドストロークで打つときに適しています。

■ クローズドスタンス

軸足に対して、踏み込み足を進行方向に出して、踏み込むスタンス。フォア側に来たボールをショートクロスに打つときや、低いボールに対してドライブ回転をかけるときに適しています。踏み込んで、ボールの外側を打つので、自然と打点は前になります。

■ オープンスタンス

軸足と踏み込み足の両足をベースラインと平行に開き、身体の回転を使って打つスタンス。逆クロスに打つときや、自分のバック側にきたボールに対して回り込んで打つときなどに適しています。引っ張りも流しも打ちやすく、広い角度に打ちやすいため、相手に打球コースを読ませないメリットもあります。

■ オープンスタンスでのフォアハンドストローク

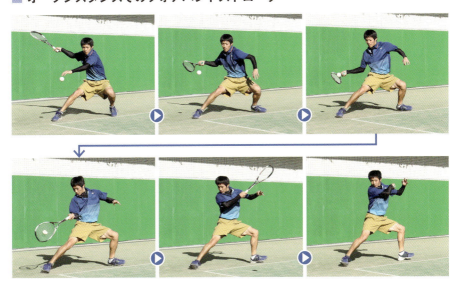

25

グラウンドストローク

ねらい ボールを前でとらえる

難易度	★★★☆☆
回数	5本×5セット

習得できる技能
▶ 基礎固め
▶ 攻撃力（スピード養成）
▶ 攻撃力（コントロール）
▶ 攻撃力（リズム・タイミング）
▶ 前衛（力）
▶ 戦術（セオリー）
▶ 発想力

Menu 007 ライジングの1本打ち

やり方

練習者はベースラインより前に立ち、フィーダーから出されたボールを打つ。バウンドを落とさずに、バウンドが上がりきる前に打つことを意識する。

？ なぜ必要？

攻撃していくためにはコートの中（前方）でボールをとらえる

ベースラインより後方に構え、ボールがバウンドして落ちてきたところで打つのは簡単ですが、相手に時間を与えずに攻撃するためにはできるだけ前（可能ならコートの中）に立ち、ライジングでボールを打つといいでしょう。レベルアップするにつれ、相手のショットもスピードアップし、打球の勢いもあるため、コートの中で打つことが難しくなります。それでも、自分から攻撃的にプレーしていくためには、コートの中で打つことが重要になってきます。後衛が得点していくためには、いかにコートの中でチャンスボールを決めていくかが鍵です。

できるだけビギナーのときからコートの中に入ってボールを処理することに慣れていきたいものです。

■ フォアのライジング　クロスコートから引っ張り

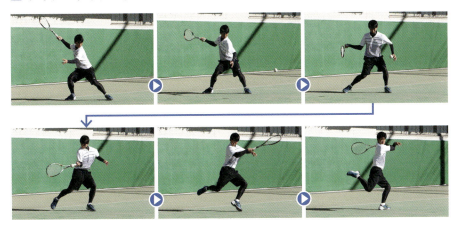

■ フォアのライジング　逆クロスコートから流し

基本のグラウンドストロークでは、まずは軸足を決め軸足に体重を乗せて「1」をつくりますが、ライジングでは最初から踏み込み足に重心を乗せておきます。この状態から、飛んできたボールに面を合わせて、コンパクトにスイング。体重移動する時間を短縮して、テンポを速めて打ちましょう。

！ポイント

早いタイミングでとらえ、コンパクトにスイングする

早いタイミングでボールをとらえるためには、より早い準備が必要になります。ボールの落下地点を予測して素早く軸足を設定し、通常のストロークよりも早いタイミングで踏み込み足へ体重を移動してスイング。ボールがバウンドして頂点に達する前にインパクトを迎えるので、自然に打点は前にとらえることになります。早いタイミングでとらえるためにはスイングはコンパクトにし、またフォロースルーもコンパクトにすることでボールに回転をかけて打球をコート内に収められます。

野口英一監督の 50音テニス語録

あ行編

あ あきらめが命取り

中学生を指導していたときに、とにかく足が速く、絶対にあきらめない選手がいました。後衛の彼女は、前衛が何度抜かれても、それを食らいついて拾う。相手に何度マッチポイントを握られても決してあきらめない。「心が技術を超える」。今でも大切にしている、この言葉は、教え子から教えられたことが元になっています。

あ アタック止めて一人前

前衛は上手くなるほど派手なプレーもできるようになりますが、前衛の真骨頂はパートナーの後衛の調子が出ないときに、いかに体を張って相手のアタックを止めて、パートナーをサポートしてやれるかだと思います。パートナーのほうを振り返って、「任せておいて！」と声をかけられるか。前衛はそんなプレーヤーでありたいものです。

い いの一番にやる

あと片付けでも、ボール拾いでも、誰かから質問を投げかけられたときも、いの1番に手を挙げ、率先して行動しようと生徒たちには話しています。そういった積極的で前向きな気持ちは、次第に自分自身の行動を変えていき、チームとしても、人間としても、結果的に周りに応援してもらえる存在になるのです。

う うれしさを表そう

人間の行動は感情に左右されます。反対に、行動もまた感情を左右します。ネガティブな動作やしぐさは、脳をネガティブモードにする。また、消極的なイメージがさらにミスを呼ぶ。身体で演じることは重要なプレーの一部です。素晴らしい1本を取れたとき、うれしさを2人で表すことができたら、それはきっと次の1本につながります。

え えがおでプレー

逆境でどれだけ笑顔でいられるかは、選手の大きな資質のひとつです。「明るく、元気に、笑顔でいこう！」。私は、選手たちがベンチに戻ってくるたびに、おまじないのようにそう声をかけて送り出しています。

お おちつきは宝物

「落ち着き」とは、突き詰めれば分析力に行き着くのだと思います。例えば、リードしているスコアの内容が、自分たちのプレーが素晴らしかったからか、相手のミスが重なったからなのか分析できていれば、もしスコアがタイになっても焦らずに、次のアクションがとれるものです。

第2章
ネットプレーの基本と練習

第2章では、ボレーやスマッシュといったネットプレーの基本と基本練習について紹介します。前衛はもちろん、後衛もネットプレーを練習してオールラウンドにプレーできるようになることがテニスの上達の上で大切になってきます。テニスの基本ショットとしてマスターしましょう。

ネットプレー

ねらい ボレーで「1」をつくる

Menu 008 フォアボレーの1本打ち

難易度 ★☆☆☆☆
時間 5分

習得できる技能
▶ 基礎固め

やり方

ボレーで1本打ちを行う。フォアボレー、バックボレーも同様に行う。

■ フォアの正面ボレー

身体の正面に来たボールに対して、1歩踏み出してとる基本のボレーが正面ボレーです。まずはこの正面ボレーでボレーの基本を繰り返し練習します。

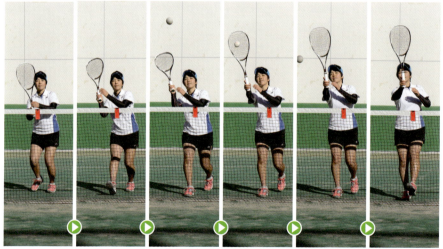

▲待球姿勢から身体を打球方向にターン
▲軸足（右足）を設定し、踏み込む
▲ボールを十分に引きつける
▲ラケットを真っ直ぐに出してインパクト
▲フォロースルーはコンパクトに。打球をコントロールしたい方向に残す

30

ボレーで「1」をつくる

グラウンドストロークと同様に、ボレーでもまずは素早い準備が大切。待球姿勢から打球方向に身体をターンさせて、「1」をつくりましょう。このとき、フォアボレーでは右足に、またバックボレーでは左足に軸足を設定します。この軸足に体重を乗せたときに、同時にテークバックを完了させます。ただし、テークバックはコンパクトに。ラケットヘッドがフォアボレーでは右肩よりも後ろにいかないように、バックボレーでは左肩よりも後ろにいかないように。ここからボールの高さに合わせて真っ直ぐにラケットを出していくだけです。

■ フォアボレーで「1」をつくる
待球姿勢から身体をターンさせ、右足を軸足にする。

■ バックボレーで「1」をつくる
待球姿勢から身体をターンさせ、左足を軸足にする。

■ バックの正面ボレー

▲待球姿勢から身体を打球方向にターン　　▲軸足（左足）を設定し、踏み込む　　▲ボールを十分に引きつける　　▲ラケットを真っ直ぐに出してインパクト　　▲フォロースルーはコンパクトに。打球をコントロールしたい方向に残す

31

ポーチボレー

相手後衛の打球に対して、前衛が打球コースを読み、走り込んでボレーをするのがポーチボレーです。ソフトテニスの基本のポイントパターンにもなるので、前衛はこのボレーの技術をマスターする必要があります。

■ フォアのポーチボレー

クロスコートのラリーに対してフォアボレーでポーチ。2歩目で「1」をつくるフットワークでボレーに出ます。

⚠ ポイント
流しコース、引っ張りコースを打ち分ける

ポーチボレーは、相手がフォローしにくいコースへ打つのが基本。そのため、相手後衛がいないサイドをねらいます。つまり、クロスコートで相手がクロスに打ってくる際（コート図A）には、流しコースへ、また相手が右ストレートに打ってきた際（コート図B）には、引っ張りコースへ決めにいくのが基本です。

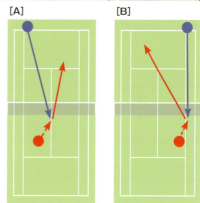

⚠ ポイント　ポーチボレーは2歩目で「1」をつくる

ボレーをミスすることなく、相手コートに返球するためには、まずはできるだけネットの近くでボレーを打つことです。相手のコースを読んだら、そのコースに直角に入っていくようなイメージで斜め前に走り込んでいきましょう。ポーチでは、2歩目で「1」をつくります。そこから踏み込んでボレーを打ちます。

■ フォアで流しコースへ

打点、面の向きでコースを打ち分けます。ボレーでは無理にコースをねらうよりも打ちやすい方向へ面を向けて、決定力を上げていきましょう。

■ フォアで引っ張りコースへ

引っ張りコースへ打つ場合は、より打点を前にとる必要があります。準備を早くし、ボールを前でとらえることを意識しましょう。

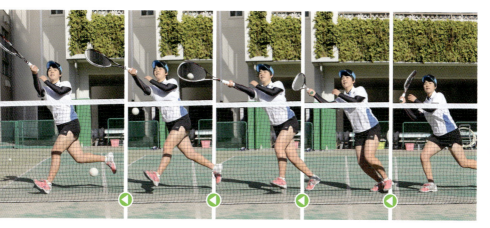

■ バックのポーチボレー

逆クロスコートでのラリーに対してバックボレーでポーチ。フォアと同様に、2歩目で「1」をつくるフットワークでボレーに出ます。

> **⚠ ポイント**
>
> ### 左肩を引くことで上体をひねる
>
> バックボレーでは、左肩を引いて打球方向に体をひねるだけでテークバックを完了させます。大きく肩を引く必要はなく、そこからラケットを出して、ボールをとらえます。引っ張りコースに打つときには、打点をできるだけ前にとります。

■ バックで流しコースへ

打点、ラケット面でコースを打ち分けます。打ちたいコースにラケット面を向け、そのまま押し出すようにコントロールしましょう。

■ バックで引っ張りコースへ

打点を前にとり、インパクトで利き腕と逆の左肩を引くと引っ張りコースに面をつくりやすくなります。

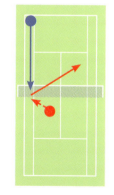

ローボレー

腰より下の高さで打つローボレーは、前衛にとってミスしやすいショットのひとつ。相手は前衛にできるだけ低い打点で打たせたいので、攻撃的に沈めてくることも多いものですが、膝を曲げ、またラケット面を横に使って確実に相手コートに返しましょう。

■ フォアのローボレー

軸足が決まったときに、テークバックを完了し、「1」をつくる。その際、テークバックのラケット位置は打球の高さに合わせ、低い位置にセットします。

■ バックのローボレー

バックハンドのローボレーも、ポイントは同じで、まずは「1」をつくります。テークバックは写真のように低い位置になります。

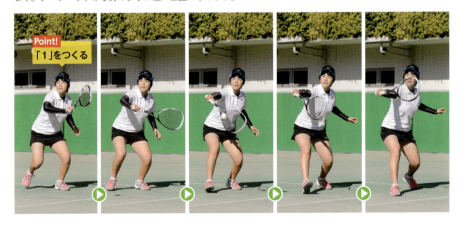

ハイボレー

相手がロビングで返球してきた場合などには、前衛が腕を伸ばしてボレーできる高さであれば、積極的にボレーしていくことも必要です。大きめにラケットを引き、高い打点でボールをとらえれば攻撃的なボレーを打つことができます。

■ フォアのハイボレー

軸足を設定し、テークバックでラケットを高い位置にセットし、「1」をつくります。
しっかり打点を目で確認できる位置でコントロールできるようにしましょう。

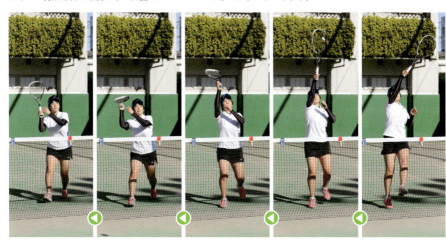

■ バックのハイボレー

バックボレーでは、特に打点を前でとらえることを意識しましょう。打点が遅れると、ボレーが上に飛んでいってしまい、ミスの原因になります。

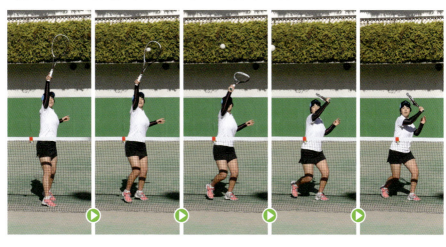

ディフェンスボレー

相手が前衛にぶつけてくるような攻撃的なストロークを打った際に、ラケットでそのショットを止めるようにボレーするのがディフェンスボレーです。速くて強い打球を止めなくてはいけないので、サッカーのゴールキーパーがシュートを止めるようなイメージでボールを止めます。

■ フォアのディフェンスボレー

通常のフォアボレーでは、右足を軸足とし、左足を踏み込むと同時にインパクトしますが、ディフェンスボレーでは相手の打球が速いため、右足を踏み込むと同時にラケットを前に出してインパクトします。

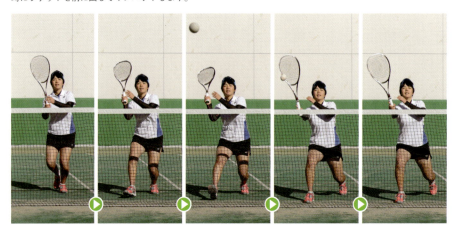

■ バックのディフェンスボレー

通常のバックボレーでは、左足を軸足とし、右足を踏み込むと同時にインパクトしますが、バックのディフェンスボレーでは、上体をひねることなくラケットをセットし、左足を踏み込むと同時にラケットを前に出してインパクトします。

スマッシュ

ねらい 基本のスマッシュを打つ

難易度 ★☆☆☆☆
時間 5分

▶ 基礎固め

習得できる技能

Menu 009 スマッシュの1本打ち

やり方

対面するコートからロブを上げてもらい、前衛のポジションに立ち、スマッシュを打つ。深いロブを追ってスマッシュを打つのが難しいビギナーは、まずはネット前から手投げでボールを上げてもらい、そのボールをスマッシュ。徐々に手投げの距離を広げていき、最終的には通常のロブをスマッシュで返球できるようにする。

ポイント 「1」をつくる

ネットに正対した待球姿勢からロビングが上がったと同時に、ネットに対して90度に体の向きを変えます。同時にラケットを頭の後ろに準備します。

ポイント 高い打点でとらえる

もっとも力の入りやすい、高い打点でとらえることで攻撃的なショットが打てます。打点が下がると、上から下へスイングできず、振り遅れてスマッシュが山なりの軌道になったり、アウトミスにつながります。

スマッシュ

基本のスマッシュを打つ

スマッシュはチャンスボールを決めるための攻撃のショットです。確実に決めるために、まずは大事になるのがフットワーク。余裕を持ってボールの落下点に入ることができれば、より確実な体勢でスマッシュを打つことができます。ボールが落ちてくる前に、余裕を持って「1」をつくることが大切です。

スマッシュ

スマッシュで大切なのは、まずは打球の落下点に素早く移動することです。相手からロビングが上がったら、素早く身体をネットに対し90度に向きを変え、そこからボールの落下点に移動します。後方に移動する際は、クロスステップを使いましょう。身体を前に向けたまま後方に下がると、体勢が不安定になるだけでなく、素早く移動できません。

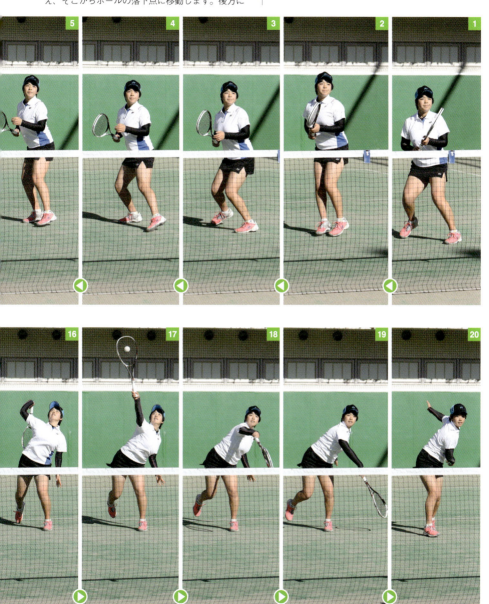

野口英一監督の 50音テニス語録

か行編

か かまえをつくろう

ストロークで言えば軸足が決まったときに、テークバックが完了している状態を「1（イチ）をつくる」という伝え方をしています。この構えができていることがテニスでは非常に重要で、これはスイングだけでなく、心構え、心の準備、試合への準備とあらゆることに通じると思います。

か 勝つことよりも大切なことがある

子どもたちは、目標のために無心で努力しています。誰を団体戦メンバーとして起用するかなど、指導者としては、ときに、勝つためだけの選択ではなく、チームにとって大切な選択をしなくてはいけないときもあります。結果だけではなく、それは次の目標にもつながっていくはずです。

き きほんがノーミス

ソフトテニスで起きるミスは、その8割が、構え（準備）の後れによるものです。ですから、構えをしっかりつくることができれば、ミスが減り、そう簡単に負けることはありません。そう考えると、指導は非常にシンプルになります。基本を大切にしましょう。

く くるしみは楽しさ

自分の課題を乗り越えていく過程には苦しみがあります。我慢もいるでしょう。しかし、その先に、なんともいえない充実感があり、それは結果としてついてきます。それは「レクリエーションを楽しむ」といった楽しみとは一味違う深みのある楽しさです。

け ケガを味方に

ケガをしたときこそ、実はふだん気がつかないことを発見するチャンスになります。練習には参加できなくても、できることはいくらでもあります。手が動かなければ足、足が動かなくても目や頭を働かせることはできる。これはチャンス、と思えるかどうかが最初のハードルです。

こ こころが技術を超える

中学から競技を始めたような子でも、思いの強さや、ひたむきさ、動じない心を持つことで、いつかジュニア育ちの選手たちと対等に勝負できるようになります。私たちがつくりたいと思っているのはそんなチームですし、ソフトテニスはそんな可能性にあふれた競技だと思っています。

第3章
グラウンドストロークで攻撃的にプレーする

勝つために必要なのは、ミスなくプレーする正確性と、速いスピードで、より厳しいコースに攻める攻撃的なプレーです。文大杉並では、こうした攻撃的なプレーを求めて日々練習しています。ここでは、基本から一歩進んで、より攻撃的にプレーしていくための練習法を紹介していきましょう。

グラウンドストローク

ストロークを
コントロールする

ねらい

難易度 ★★☆☆☆
時間 3分でローテーション

▶ 基礎固め

習得できる技能

Menu 010　10人ストローク

やり方

1面にコート図のように10人が入り、ボール3球を使ってラリーを行う。クロス側は4人で1球、逆クロス側も同様に4人で1球、センターは2人で1球を使う。クロスの深い位置（A-1）→クロスの深い位置（A-2）→ショートクロス（A-3）→ショートクロス（A-4）→クロスの深い位置（A-1）の順でボールを打ち、これを続ける。逆クロスも同様。センターはセンターの深い位置（C-1）とセンターの浅い位置（C-2）でラリー。3分でローテーション。

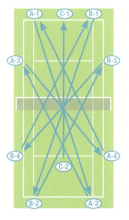

❓ なぜ必要?

どのコースにも自在にコントロールできるように

テニスではコートのさまざまな位置から、自分が打ちたいコースへと自在に打球をコントロールしていかなければなりません。例えば、相手からの深いボールを深く返球することも、短く返球することも必要で、また逆に相手からの短いボールを短く返球することも、深く返球することも必要です。そのためにどのコースからも打球を自在にコントロールできるように練習しましょう。

⚠️ ポイント
深いボールに対して深く返す

深いボールを打つためには体重移動を使い、踏み込んでボールを打つことが大切です。相手のボールが深くて、自分が踏み込めない状態から打つときには身体をねじり、回転動作を使ってボールを相手コートの深い位置へ飛ばします。また、フラットでボールをとらえて、ボールをラケットに乗せる感覚も、このラリーで習得したい感覚です。

⚠️ ポイント
深いボールに対して短く返す

ネットミスをしないように気を付けなければいけません。ドライブ回転で打つ場合は、スイングの際、ラケットを高く引き上げ回転を十分にかけてネットを越えたあとに急激に落ちるような軌道で打ちます。カットストロークで打ってもOK。

⚠️ ポイント
短いボールに対して深く返す

スクエアスタンスまたはサイドに走らされたときなどはクローズドスタンスで対応します。テークバックはコンパクトにして短いボールに対応できるようにしますが、しっかりフォロースルーをとって相手コート深くにコントロールします。

⚠️ ポイント
短いボールを短く返す

よりコンパクトにスイングする必要がありますが、ただ単に当てるだけではミスにつながったり相手のチャンスボールになってしまいます。しっかりとボールに回転をかけてショートクロスにコントロールします。

フォアのショートクロス

相手コートに球足の短い打球を返球するためには、ラケットの引き上げを使って、鋭く打球に回転をかけます。

45

グラウンドストローク

厳しいコースに攻める

Menu **011** 両アレーをねらっての1本打ち

難易度 ★★☆☆☆
回数 10本×2〜3セット
▶ 基礎固め

習得できる技能

やり方

練習者はベースライン後方、シングルスのサイドラインあたりに立ち、対面するコートから出されるボールに対して、ストレートのアレーをねらって10本打つ。次に、クロス方向のアレーをねらって10本打つ。その後、ストレート、クロスどちらのコースをねらってもOKなので10本。

浅いエリア
深いエリア

◀ねらうアレーエリアに、深いエリア、浅いエリアとターゲットをおくと、さらにコントロールを高める練習になる

❓ なぜ必要？

厳しいコースをねらう

実戦では、厳しいコースにグラウンドストロークを打たなくては、前衛にポーチされてしまうことも。ストレート、クロスの両アレーへのコースは、相手前衛がポーチに来ても届かないエリアです。このコースに厳しくコントロールできるように練習しましょう。

逆サイドでも行う

コートの逆サイドのシングルスラインから回り込んで同様に練習しよう。回り込んでストレートでは引っ張り、回り込んで逆クロスへは流しの打ち方を意識する。

Level UP!

前衛をつけて練習しよう

実際の練習では、前衛をつけて行うことが多い。前衛をつけることで、コートを有効活用でき、後衛だけではなく前衛の練習にもなる。前衛をつけて行う場合は、グラウンドストローク側はストレートのアレー、クロスのアレーを交互に10本打ち、前衛はクロスに対してのみポーチに出る。次に、同様にグラウンドストローク側はストレートのアレー、クロスのアレーを交互に10本打ち、前衛はストレートに対してのみポーチに出る。

なぜ必要？

厳しいコースへ勝負にいくにはどれくらい動けばいいか

前衛にとってアレーへ打たれたボールをポーチに出ていくのは、走り切って取りにいかなければならないため、かなり難しい。厳しいコースに打たれたボールに対して、どのくらい動けばポーチできるかしっかり体で覚えていこう。

▲ストレートのストロークに対してボレーに出る

▲ストレートのみボレーに出るときは、クロスのショットに関しては見送ってOK

▲クロスのストロークに対してボレーに出る

47

グラウンドストローク

動かされた中でストロークを打つ

Menu 012 ランニングストロークの1本打ち

難易度 ★★☆☆☆
回数 10本×2〜3セット
▶ 基礎固め

習得できる技能

やり方

練習者Aはクロスのベースラインに立つ。対面するフィーダーAは逆クロスへボールを出し、練習者はそれに対して逆サイドへ走って返球。回り込んでフォアハンドで打ってもバックハンドで打ってもOKだが、すべて逆クロスのアレーをねらって打つ。また、練習者Bは逆クロスのベースラインに立ち、対面するフィーダーBのクロス方向への球出しに対して、逆サイドへ走って返球。クロスのアレーをねらって打つ。それぞれロブではなく、シュートボールで返球すること。AとBを交互に行い、それぞれ10本アレーに入るまで。

? なぜ必要？

嫌な場所をねらって打ち合う

実戦では、相手は自分のストライクゾーン、つまり打ちやすいところには打ってきません。お互いに、遠い場所や嫌な場所をねらって打ち合います。動かされた状態でも、より攻撃的なプレーをしていくことが必要になってくるのです。この練習では、クロスまたは逆クロス方向への球出しのため、バウンド後、ボールは練習者から遠くへと弾んでいきます。これを返球するにはコートをより広くカバーするための脚力が必要です。また、これをクロスにコントロールするには、ひねり戻しの回転運動を使うため、下半身強化、体幹の強化にもつながる練習になります。

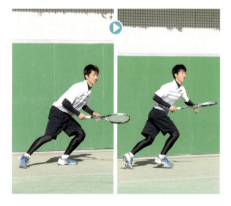

> **！ポイント** 体重移動と同時に体の回転を使って打つ

角度のある球出しのボールに対して、それを引っ張って打つには体の回転運動を使います。シュートを打つためには、軸足をしっかりと決め、踏み込みを使い、踏み込むと同時にねじれた上体を、回転を使ってねじり戻しを行う。この下半身と上半身の連係動作をうまくできるようにしましょう。

逆クロスへ打つ

クロスへ打つ

グラウンドストローク

ねらい 左右の動きを鍛える

Menu 013 **ランニングストロークの連続打ち**

難易度 ★★★
回数 10本×2～3セット

習得できる技能

▶ 攻撃力（スピード養成）

やり方

練習者はクロスのベースラインに立つ。フィーダーは対面するコートのクロスからストレート方向へボールを出し、練習者はそれに対して逆サイドへ走って返球。回り込んでフォアハンドで打ってもバックハンドで打ってもOK。フォアハンドの場合は逆クロスへ流し、バックハンドの場合はストレートへ打つ。次に、フィーダーはクロスへボールを出し、練習者はクロスサイドへ走り、そのボールをクロスに打つ。

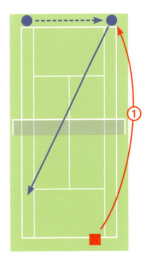

？ なぜ必要？

動かされても攻撃的にプレーする

実戦では、相手は自分のストライクゾーン、つまり打ちやすいところには打ってこない。お互いに、遠い場所や嫌な場所をねらって打ち合う。動かされた状態でも、より攻撃的なプレーをしていくことが必要になってくる。

！ ポイント

体の回転、腰のキレを使って打つ

ロブではなく、シュートボールを打つこと。走らされた中でも体の回転、腰のキレを使ってシュートボールを打つフォームを習得する。シュートボールで打つと、ボールの速さのみを意識してコースが甘くなりがちですが、しっかりとアレーをねらって厳しいコースへ打つことが大切です。

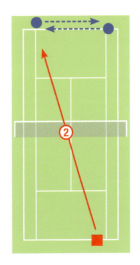

フォアサイドからバックサイドへの(回り込み)フットワーク

最後に軸足を決めて「1」をつくりますが、前方の足の斜め後ろに足を置いて軸足を設定します

Point!
「1」をつくる

バックサイドからフォアサイドへのフットワーク

動かされた中でも、テークバックする動作と軸足を設定する動作を完了し、「1」をつくります

Point!
「1」をつくる

グラウンドストローク

ストロークでの左右フットワークを鍛える

Menu **014** 手出しトスのランニングストローク

難易度 ★★★☆☆
回　数 10本×2〜3セット

習得できる技能
▶ 攻撃力(スピード養成)

やり方

練習者はベースライン上に立ち、フィーダーはサービスライン上からフォアサイド、バックサイドの交互にボールを出す。練習者はそれに対して交互に両サイドのアレーをねらって打つ。バック側は、回り込んでフォアハンドで打ってもバックハンドで打ってもOK。アレーエリアに計10本入るまで行う。

? なぜ必要？

動かされる中でもコースをねらう

両サイドへ動きながら、厳しいボールを正確に打つための練習です。体の使い方や準備など基本的なポイントと同時にフットワークも意識しましょう。シングルスの練習としても行い、その場合は、アレーエリアを含めないシングルスコートで行うこと。また、シングルスではバックハンドでの対応も多くなるため、バックサイドへの打球はバックハンドで対応するなど意識することも必要です。

! ポイント

サイドステップで戻る

どちらにボールがくるかわからない状況では、クロスステップを使ってセンターポジションに戻っていては、相手の前衛から目を切ることになってしまうので、サイドステップを使いましょう。途中までサイドステップを使って戻り、そのあとにクロスステップを使って大きく歩幅を稼いでもいいでしょう。

サイドステップ

サイドステップなら、正面にいる相手を確認できます

クロスステップ

クロスステップは大きな歩幅を稼げる反面、体が反転してしまうため、相手を確認できません

シングルでは
シングルスコートの
内側1メートルをねらう

シングルスの練習として行う際には、シングルスコートの内側1メートルに仮想線を設けて、そのエリアをねらって打つことを意識します。そのエリアに計10本入るまで行いましょう。ラインのギリギリをねらう必要はありません。ダブルスでは、ダブルスラインの内側にシングルスラインがあり、アレーエリアというねらうターゲットがはっきりしていますが、シングルスでは実際には内側にラインがあるわけではないので、その仮想線を頭の中でイメージできることが大切になってきます。高校生に限らずシングルスの試合は決して多くはありませんが、シングルス強化としては大会1カ月前くらいからシングルス対応の練習を取り入れています。

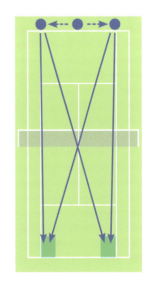

53

グラウンドストローク

前後の動きを鍛える

ねらい

難易度 ★★★☆☆
時間 20分

習得できる技能 ▶ 基礎固め

Menu 015 前後ストロークの4本打ち

やり方

フィーダーはクロスのベースラインから球出し。①ベースライン深く（大）、②サービスライン前に短いボール（小）、③サービスラインとベースラインの中間くらいのボール（中）、④ベースライン深く（大）の順で球出しし、練習者はそれを前後に動きながら返球する。逆クロスでも同様に行う。

？ なぜ必要？

前後に動く中でも正確にプレーする

実戦では、常に同じところにボールが飛んでくるとは限らず、動きながらプレーすることになる。左右のフットワークに強い選手も、実は前後に動かされると弱いことも多い。ここではコートの後方から前方へ動いて返球する動き、またコートの前方から後方へ動いて返球する動きを鍛える。

Level UP!
タイミングを早く

! ポイント

フォアハンドで返球すれば、相手前衛がよく見える

体の左側にきたボールに対しては、1歩でとれるボールは回り込んでフォアハンドで返球しましょう。フォアハンドで取れれば相手の前衛がどこにいるか見ることができますが、バックハンドでは相手の前衛が見えなくなるので、できるだけフォアハンドでとりたいところです。ただし、2歩以上動かなくてはいけない場合はバックで対応します。

▲フォアハンドでは相手前衛の動きが見える

◀バックハンドの身体の向きでは、相手前衛の動きが見えにくい

Level UP!

球出しのテンポを変える

フィーダーはただ単に前後に振るだけでなく、②をショートクロスに出したり左右に振ったり、④で早いタイミングでボールを出すなど変化をつけると、よりレベルアップした練習になる。実戦でも相手から早いタイミングでベースライン深くにボールが返ってくるケースは多く、前に出されたときに、これをどう返球するかは必要な技術になる。

前方へ動く際(①→②)のフットワーク

相手の状況を見ながら打球を予測し、前へ詰めますが、勢いがついているのでしっかりと止まって打つことを意識しましょう。勢いのままスイングするとアウトミスにつながります。軸足でしっかりと止まって、打球をコントロールすることが大切です。

後方へ動く際(②→③)のフットワーク

この場合も、相手の状況を見ながら打球を予測し、相手の打球が深いと判断したら、素早く後ろに下がって準備をします。後ろに下がって打つということは、打点が食い込まれるリスクが高くなりますので、後ろ足体重で打つスイングをマスターしましょう。

CHECK! 相手にコート深くに押し込められたときは後ろ足体重のままスイング

後ろに下がって打つとき、また相手のショットが深く、コート後方に押し込められた状態で返球する際には、オープンスタンスで軸足に体重を残したままスイングして返球します。ラケット面がインパクトで打球に対してかぶらないようにスイングし、腰の回転を使ってフィニッシュと同時に体重移動を完了させます。

グラウンドストローク

実戦に近いコースの打ち分け

ねらい

難易度 ★★★☆☆
時間 20分

習得できる技能
▶ 基礎固め
▶ 攻撃力（コントロール）

Menu 016　前衛をつけてのクロスからの攻撃パターン①

やり方

練習者はクロスコートのベースライン上に立ち、フィーダーは対面するクロス側から球出し。できるだけ練習者をコートの外に追い出すボールを出し、1本目、2本目をクロスのアレーに、3本目をストレートのアレーに打つ。前衛を立たせ、ストローカーは3本目の球出しを前衛にぶつけるように打つ。

？ なぜ必要？

試合の展開をイメージする

コートサイドの厳しいボールを返球するのは、ストローカーにとっては視線の角度が変わり、通常のベースライン後方から打つより返球が難しくなります。後衛同士がお互いに厳しいコースへ打ち合っている中で、相手がやっとつないできたボールを前衛に攻撃していくという展開をイメージした練習です。

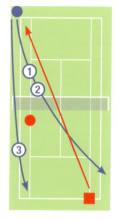

> ポイント

ボールの外側を打つ

コートサイドの外に追い出されたところからストレートへ打つのは、『ボール回し』とも言うように難しい技術です。これを打つためには、ボールの右側（外側）を下から引き上げるようにして、ボールにドライブ回転をかけて、ボールが左に曲がるように打ちます。コート外に出された位置からボールの外側を打てないと、ボールが左に曲がらないため、サイドアウトしてしまいます。

Point!
ボールの右側を下から引き上げる

グラウンドストローク

実戦に近いコースの打ち分け

ねらい

Menu **017** 前衛をつけてのクロスからの攻撃パターン②

難易度	★★★
時間	20分

習得できる技能
▶ 攻撃力(コントロール)
▶ 攻撃力(リズム・タイミング)
▶ 発想力

やり方

練習者はクロスのベースライン上に立ち、フィーダーはクロスから球出し。できるだけ練習者をコートの外に追い出すボールを出し、1本目、2本目をクロスに、3本目をセンターに打つ。

? なぜ必要？

相手前衛をサイドに寄せて、センターへ

相手をショートクロスに追い出しておき、センターにオープンスペースをつくった展開をイメージした練習です。Menu016のパターン①を見せておくことで、相手前衛をサイドに寄せておけば、センターへの配球がより効果的です。

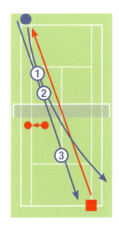

!ポイント
左肩を入れることで相手前衛をサイドに寄せる

まずはしっかりと肩を入れて相手前衛をけん制しておくことが大切です。肩を入れることで、相手前衛に「ストレートにくる」と思わせることができます。相手前衛のポジションをサイドに引き寄せておき、センターにオープンスペースをつくって攻めていきます。センターへ打つ際の打点は、引っ張りと流しの間くらいになります。

Point!
肩を十分に入れてテークバック

グラウンドストローク

実戦に近いコースの打ち分け

ねらい

Menu 018 前衛をつけての逆クロスからの攻撃パターン

難易度 ★★★
時間 20分

習得できる技能
▶ 攻撃力(コントロール)
▶ 攻撃力(リズム・タイミング)
▶ 発想力

やり方

Menu016、Menu017と同様に、逆クロスコートからのパターンも行う。フィーダーは逆クロスコートから球出し。できるだけ練習者をコートの外に追い出すボールを出し、練習者は1本目、2本目を逆クロスのアレーに、3本目をストレートのアレーに打つ。前衛を立たせ、ストローカーは3本目の球出しを前衛にぶつけるように打つ。次に、同じ3本の球出しに対して、練習者は1本目、2本目を逆クロスのアレーに、3本目をセンターに打つ。

❓ なぜ必要？

フォア、バックでいずれのコースにも打てるように

逆クロスコートでは特に、フォアに回り込んで逆クロスへ打つだけでなく、ストレートへも攻撃できることが相手にプレッシャーを与えることにつながるので、ストレートへも攻撃できるように練習しておくことが必要です。また、相手前衛がストレートのサイドよりにポジショニングした場合は、センターも有効となるので、センターにも打ち分けられるようにしましょう。逆クロスコートからのパターンでは、フォアに回り込めない場合もあるので、右ページのいずれのパターンでも攻撃できるようにしておきましょう。

❗ ポイント

タメをつくって体が早く開かないように

回り込んで打つフォアハンドでは、最初から体が開いていると、相手前衛にコースが読まれてしまうので注意しましょう。体をしっかりひねって肩を入れ、タメをつくって、体の開きが早くならないように意識します。

 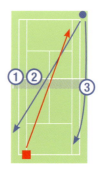 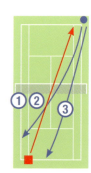

逆クロスコートからの後衛からの配球パターン①

① 回り込んでフォアハンドで（逆クロスへ）流す

このケースでよくあるミスはサイドアウト。押し出すスイングではサイドアウトしやすいので、ボールを引きつけたあと、しっかりラケットを振り切りましょう

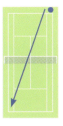

② バックハンドで引っ張る

打点が遅れるとコースが甘くなり、打球がセンター側に入ってしまうので、踏み込んで打点を前にとり、体の回転を使って打ちましょう

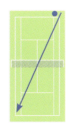

③ 回り込んでフォアハンドで（ストレートへ）引っ張る

踏み込んで打たないとネットミスしやすく、打点が遅れるとコースも甘くなりがちなので、しっかり踏み込み、打点を前にとってスイングしましょう

④ バックハンドで（ストレートへ）流す

打点が遅れるとサイドアウトのリスクがあるため、踏み込み足のヒザの前でボールをとらえるようにします。また、体の回転を使ってサイドアウトしないようにコントロールしましょう

⑤ 回り込んでフォアハンドでセンターへ

引っ張りと流しの間の打点でセンターへ打ち分けます。相手前衛の近くを通すショットなので、できるだけ打つ直前までコースを読ませないように肩を入れ、体の回転を使って打ちましょう

グラウンドストローク

ねらい 速いテンポで打つ

Menu 019 ノーバウンドでの連続50本打ち

難易度 ★★★☆☆
回数 50球×1〜2セット

習得できる技能
▶ 攻撃力（スピード養成）
▶ 攻撃力（リズム・タイミング）

やり方

フィーダーは手出しで練習者の前方から連続で50球トス出しする。それを練習者はノーバウンドでクロス、ストレートのアレーをねらって打つ。

? なぜ必要?

速いテンポで打ち続ける

ノーバウンドでボールを打ち、速いテンポでストロークを打つことに慣れましょう。連続打ちなので、打ったあとの構えを早くしたり、コンパクトにラケットをテークバックする練習になります。これができるようになると、ライジングでストロークを打てるようになります。

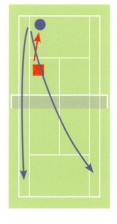

! ポイント

戻りを早く、コンパクトにスイング

打ったあと、戻りを早くし、すぐに構えること。またコンパクトにテークバックし、体の回転動作を使ってスイングしましょう。

グラウンドストローク

ねらい 体の回転を使って打つ

難易度 ★★★
回数 50球×1〜2セット

習得できる技能
▶ 攻撃力（スピード養成）
▶ 攻撃力（リズム・タイミング）

Menu 020 足を決めての連続打ち

やり方

両足のスタンスを決め、そのスタンスのまま体の回転だけを使って連続で打ち続ける。

なぜ必要？

回転動作ができているか

体の回転を使って打てているかを確認するために、足の位置を決め、下半身を固定した状態で打ちます。

ポイント

クロスへの引っ張りを意識して打つ

打つコースはクロス、ストレートどちらでもOKですが、体の回転の使って打てているかどうかはクロスに打てるかどうかで分かります。クロスに打つためには体の回転を使わなくては打てないのです。

早い準備が必要なため、クロスへ打つのはより難しい

ストレートは打点を遅らせて打つため、準備が多少遅れても打てるが、クロスへ打つためには打点を前にとらなければならないため、早い準備が必要になります。また、クロスへ打つためには体の回転を使って打たなければならないため、より難しい。この練習では特に、クロスへしっかりと打てることを目指して練習しましょう。

63

グラウンドストローク

ねらい 速いテンポで打つ

難易度 ★★★
回数 50球×1〜2セット

習得できる技能
▶ 攻撃力（スピード養成）
▶ 攻撃力（リズム・タイミング）

Menu 021 バックハンドのノーバウンド50本連続打ち

やり方

Menu019 をバックハンドで行う。フィーダーは手出しで練習者の前方から連続で50球トス出しする。それを練習者はノーバウンドで逆クロスのアレーをねらって打つ。

? なぜ必要？

速いテンポで打ち続ける

バックハンドでも、速いテンポでストロークを打つことに慣れましょう。連続打ちなので、打ったあとの構えを早くしたり、コンパクトにラケットをテークバックする練習になります。これができるようになると、ライジングでストロークを打てるようになります。

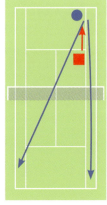

! ポイント

打点がひとつしかないバックハンドではより準備を早く

打ったあと、戻りを早くし、すぐに構えること。またコンパクトにテークバックし、体の回転動作を使ってスイングしましょう。特に、バックハンドの場合は、打点がひとつしかないので、フォアハンドよりも準備を早くすることを意識し、正確に打点をとらえられるように練習しましょう。

グラウンドストローク

難易度 ★★★
回数 50球×1〜2セット

習得できる技能
▶ 攻撃力（スピード養成）
▶ 攻撃力（リズム・タイミング）

速いテンポで打つ

Menu 022 ライジングの連続打ち

やり方

練習者はベースラインからラケット1本分以内のエリアに立ち、フィーダーから出されたボールを後ろに下がらずに打つ。フィーダーはサービスライン後方あたりから練習者のフォアサイド、バックサイドに交互にテンポを速く連続でボールを出し、練習者はライジングで対応する。

? なぜ必要?

相手の時間を奪う

ライジングで打つメリットは、コートの中でボールを打つことでより攻撃的なプレーができると同時に、相手に準備の時間を与えないということ。また、前でボールをさばけば、相手のボールの力を利用してスピードアップすることが可能になります。

CHECK!
➡ フォアハンドのライジングについてのポイントは P27 へ

■ バックハンドのライジング

バックハンドはライジングで打つのは難しい。ボールコントロールが難しく、当てっぱなしになりがちだが、打点が食い込まれないようにボールを前でさばき、コンパクトながらしっかりと振り切ることが大切です。

65

グラウンドストローク

プレーのバリエーションを増やす

ねらい

Menu 023 アプローチショットの3コース打ち

難易度 ★★★
時間 20分

習得できる技能
▶ 攻撃力（コントロール）
▶ 前衛（力）
▶ 発想力

やり方

セカンドサーブに対して、レシーバーは①ショートクロス、②センター、③相手前衛のサイドを抜くコースにアプローチショットを打つ。

❓ なぜ必要？

ネットへ詰めて攻撃的にプレーする

実戦では、後衛もより攻撃的にプレーするためには、ネットの近くでプレーする必要があります。例えば、相手のセカンドサーブなど甘いサービスや短いショットに対しては、アプローチショットを打ち、相手後衛の体勢を崩し、ダブルフォワードで展開の早い攻撃パターンをつくってもいいでしょう。

⚠️ ポイント

オープンスペースに打ち込んでいく

相手コートのオープンスペースをねらい、ボールを打ち込んでいきます。相手は余裕のない体勢から返球するため、甘いボールが返ってくることが多く、それに対してさらにネットに詰めて攻めましょう。

アプローチショットの使い方

アプローチショットとは、ネットプレーに出ていくときに使うショット。相手の短い打球に対して、相手コートのコースを突いて打ち込んでいき、そのスイングの流れで前方に詰めます。Menu023 で練習するように主な使い方としては3コース。相手前衛サイドを抜くなどアプローチショット単体として決め球ともなりますが、基本的にはアプローチショットを打ったあとにネットに詰め、ネットプレーで組み立てていくというのが一般的な使い方となります。

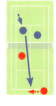

● アプローチショットをセンターに打ち、次をサイドへ

アプローチショットをセンターに打って相手後衛をセンターに寄せ、相手からの返球をネットプレーでサイドへ決める

● アプローチショットをサイドに打ち、次をセンターへ

アプローチショットをセンターに打って相手後衛をセンターに寄せ、相手からの返球をネットプレーでサイドへ決める

グラウンドストローク

コートの場所によってスイングを調節する

ねらい

Menu 024 ショートクロス、クロス、センターからの連続打ち

難易度 ★★★★★
回数 10本×2〜3セット

習得できる技能
▶ 攻撃力(スピード養成)
▶ 攻撃力(コントロール)
▶ 攻撃力(リズム・タイミング)

やり方

フィーダーは対面するコートのベースライン内側からクロスコートに球出しを①ショートクロス、②クロスのコーナー、③センターに出し、練習者はそれぞれ両サイドのアレーをねらって打つ。フィーダーの球出しは①、②、③、②、①、②、③、②、①の順で出し、アレーに計10本入るまで。

? なぜ必要?

どのポジションからも厳しいコースをねらう

コートの位置によっても、体の使い方やスイングは異なる。ショートクロス、クロス、センターのそれぞれの位置からの厳しいコースに打つための適切な打ち方を体で覚えよう。

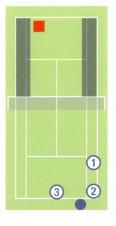

①ショートクロスから打つ
コンパクトなテークバックから速いタイミングで打ちます

②クロスのコーナーから打つ
体の回転と踏み込みを使って大きなスイングで打ちます

③センターから打つ
回り込みを行い、オープンスタンスになったときでもしっかりと体の回転を使いましょう

野口英一監督の 50音 テニス語録

さ行編

さ サイドアウトは弱気

選手が「弱気」に取り憑かれているときのしるしが、サイドアウトとネットです。特に、サイドアウトは、相手前衛が気になって、ボールを置きにいっている証拠。ラケットが振れていない状態です。面が遅れ、ヘッドが走らないから、ボールが横へ逸れていく。そんなときは、「バックアウトしろ！」とアドバイスするようにしています。

し シュートボールが基本

たとえば野球では、速球があるから、変化球が生きてくる。同じようにソフトテニスでも、速い球は大きな武器です。シュートは、ただ打つだけで相手の時間を奪うことができます。シュートが打てると、ロビングもカットも生きてくる。戦術の広がりを実感できます。厳しい試合こそ、逃げずに真っ向勝負です。

す すなおな気持ちでプレーしろ

何もできないうちはひたむきに頑張りますが、誰でも少し慣れてくると、頑なな面も出てきます。すでに実績のある選手なら、それまで教わってきたことや、成し遂げてきたことへの自信もあるでしょう。自分なりの考えやスタイルを持つことはとても大切ですが、「まだ発展途上だ」と思うなら、一度、まっさらな気持ちになってみるのも悪くないでしょう。

せ せめに徹しろ

ボールやラケットの性能が劇的に向上し、近年は、より攻めて勝つことが求められています。前衛が攻めるだけでなく、後衛も打点を高く、早いタイミングで打つ。また、メンタル的にも「攻め」の姿勢は重要です。勝利を意識し、守りに入って逆転負けするような試合もたくさん見てきました。最後まで攻めろ、攻めに徹しろと伝えています。

そ そらは高い

追い詰められ、苦しい時ほど自分の打つコースが狭く感じてしまうものですが、そんなときは「上を使え」と声をかけたくなります。コートを平面でとらえると打つ場所が狭く感じますが、立体的にとらえればスペースはたくさんある。また、メンタル的にも追い詰められると下を向きがちになりますが、そんなときこそこの言葉を思い出して、上を向いてプレーしましょう。

第4章
ネットプレーの攻撃と守備

試合では後衛だけではなく、前衛がポイントを決める場面が多くあります。ネットプレーでポイントを決めていく攻撃的なプレーを練習すると同時に、前衛は相手後衛に攻撃的にプレーされたときのディフェンス力を高める必要があります。ここではネットプレーの攻撃力と守備力を高める練習を紹介します。

ボレー

ねらい ネット際で素早く動く

Menu 025 ボレーのフォア＆バック連続打ち①

難易度 ★★★☆☆
回数 30秒×4セット

習得できる技能
- ▶ 基礎固め
- ▶ 攻撃力（スピード養成）
- ▶ 攻撃力（コントロール）
- ▶ 攻撃力（リズム・タイミング）
- ▶ 前衛（力）
- ▶ 戦術（セオリー）
- ▶ 発想力

やり方

練習者はセンターのネットからラケット2本分のポジションに立ち、フィーダーから出されたボールを打つ。フィーダーは対面するコートのベースラインとサービスラインの間あたりからネットのセンターから左右1m50cmの位置をターゲットに①練習者のバック側、②練習者のフォア側、③バック側、④フォア側と交互に出し、これを30秒間続ける。ボレー30秒間を行ったあと、フィーダーはロビングを5本上げ（コースはランダム）、練習者はスマッシュをノーミスで決める。

？ なぜ必要？

打ったあとの戻りを早く

前衛にとって大切なのは、ボレーを打つことだけでなく、いかに速く次のボールに対して準備ができるか。ボクシングでパンチを打つときには、腕を伸ばしてパンチを出したらすぐにヒジを曲げてガードをとりますが、これと同じイメージです。できるだけ元のポジションに戻るスピードをアップさせましょう。また、速いスピードでボレーに対応するだけでなく、急にテンポの違ったロビングが来たときにも、しっかりと対応できるようにします。実戦でも、スピードのある連続ショットのあとに、緩いロビングが返ってくるケースは多いものです。

！ ポイント

軸足を蹴って元のポジションに戻る

軸足をとって、逆の足で踏み込んでボレーを打ったあとに、軸足を蹴って元のポジションに戻る。この戻ってくるときのフットワークが重要です。地面からの反力を使って一気に元のポジションに戻る感覚をつかむこと。

■ フォアボレー後、元のポジションへ

※フォアボレーの技術的なポイントに関してはP30へ

■ バックボレー後、元のポジションへ

※バックボレーの技術的なポイントに関してはP31へ

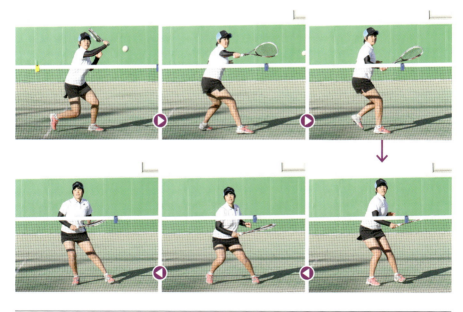

ボレー

打球コースを予測してボレーに出る
（ねらい）

Menu **026** ボレーのフォア＆バック連続打ち②

難易度	★★★★☆
回数	30秒×4セット

習得できる技能
▶ 基礎固め
▶ 攻撃力（スピード養成）
▶ 攻撃力（コントロール）
▶ 攻撃力（リズム・タイミング）
▶ 前衛（力）
▶ 戦術（セオリー）
▶ 発想力

やり方

Menu024と同様に、フィーダーは練習者のフォアとバックに球を出し、練習者はボレーで返球するが、フィーダーは自分の踏み込み足によって引っ張り、流しを打ち分け、練習者はフィーダーの踏み込み足を見て、コースを予測しながらボレーを行う。

？ なぜ必要？

相手を見てコースを読む

実戦では、前衛はボールが飛んできてからポーチに出ようと準備するのでは間に合いません。相手の体勢や打点、ラケット面など見ながら相手がどちらのコースに打つのか読んでいくことが重要です。まず、この練習では速いテンポの中で相手の踏み込み足を見て、相手の打つコースを判断し、ボレーを打ちましょう。

▶ 踏み込み足が引っ張り方向→ボレーヤーはフォア側へ準備

▶ 踏み込み足が流し方向→ボレーヤーはバック側へ準備

ボレー

打球コースを予測してボレーに出る

(ねらい)

Menu 027 ボレーのフォア＆バック連続打ち③

難易度 ★★★★
回数 30秒×4セット

習得できる技能
▶ 攻撃力（スピード養成）
▶ 攻撃力（リズム・タイミング）
▶ 前衛（力）

やり方

Menu024と同様に、フィーダーは練習者のフォアとバックに球を出し、練習者はボレーで返球するが、フィーダーは肩を入れて球を出し、練習者はフィーダーの肩の開き具合を見て、コースを予測しながらボレーを行う。

▲肩が入ったままスイング　　▲ボレーヤーはバック側へ準備

▲肩を開きながらスイング　　▲ボレーヤーはフォア側へ準備

75

ボレー

打球コースを予測してボレーに出る

Menu 028 ボレーのフォア＆バック連続打ち④

難易度 ★★★★☆
回数 30秒×4セット

習得できる技能
▶ 基礎固め
▶ 攻撃力（スピード養成）
▶ 攻撃力（コントロール）
▶ 攻撃力（リズム・タイミング）
▶ 前衛（力）
▶ 戦術（セオリー）
▶ 発想力

やり方

Menu024と同様に、フィーダーは練習者のフォアとバックに球を出し、練習者はボレーで返球するが、フィーダーは引っ張りコースと流しコースで打点を変え、練習者はフィーダーの打点の位置を見極めて、コースを予測しながらボレーを行う。

◀フィーダーは打点を前（前方のラケット）と後ろ（後方のラケット）の2パターンでコースを打ち分ける

▲打点が前　　▲ボレーヤーはフォア側準備

▲打点が後ろ　　▲ボレーヤーはバック側へ準備

76

野口英一監督の 50音テニス語録

た行編

た タッチネットするほど、うまし

はじめはベタッとネットについてラケットを構えていた前衛も、うまくなってくるとネットから離れていられるようになります。スマッシュを追う、フォローに備えるなどプレーの幅が広がった証拠ですが、一方でそれにより発生するミスも出てきます。漠然と中間ポジションにいるのではなく、ここぞという場面では、タッチネットするほど前に立っていられる前衛がさらに一流の証です。

ち ちからは無限

「ちから」が指すのは人間力であり、技術力であり、ソフトテニス全般に関わる競技力です。指導を長く続けていると、ときにゴールが見えてしまうこともあるものですが、その予想を覆してくれる選手も現れます。そんな選手たちから、ちからは無限だと教えてもらいました。

つ ツイストは1回

「ツイスト」とはカットレシーブのこと。最近の試合ではカットストロークが頻繁に使われますが、自分の切り札は、いちばん大切な場面で1回だけ使えと言っています。「この1本をレシーブでとりたい」というときに、相手の不意を突いてボールを短く落とす。どんなに素晴らしいボールでも、何度も使えば相手も対応してきます。大事なのは、相手に予測されずにそれを使うことです。

て 手ニスは、足ニス

手でラケットを持ち、ボールを打つ競技ですが、動かなければ話になりません。コートでのラリーは、野球などと違ってストライクゾーンにボールは来てくれません。相手のボールがストライクになるように、自分が足を動かさなければなりません。

と 取れば取れる

テニスコートに弾むボールは、2人でかかれば、ほとんどが取れるもの。取れるか、よりも「取る！」という気持ち、「2バウンドさせない！」という意志が重要。これは根性論ではなく、その意志を持てば、相手を見て予測し、素早く反応することができるようになり、届く可能性が高まるのです。また、「取る」には自分の夢やチームの目標を「取る」という意味もあります。「絶対に取る」と決意を固めれば、一見届きそうのないところへも、手が届く可能性も開けてきます。

77

スマッシュ

ネット際からボールの落下点に素早く入る

ねらい

難易度	★★★★☆
回数	10本×2〜3セット

習得できる技能
- ▶ 基礎固め
- ▶ 攻撃力（スピード養成）
- ▶ 攻撃力（コントロール）
- ▶ 攻撃力（リズム・タイミング）
- ▶ 前衛（力）
- ▶ 戦術（セオリー）
- ▶ 発想力

Menu **029** スマッシュの連続打ち①

やり方

練習者はサービスライン上に立ち、その前方にコーンを置く。フィーダーは練習者のフォア側とバック側にロビングを出し、練習者はコーンの前方から移動し、スマッシュで返球。打ち終わったらコーンの前に戻り、再度コーンの前方から、ボールの落下点に動く。スマッシュはストレートまたはクロスのアレーをねらう。アレーに10本入るまで行う。

!ポイント

打ったあとにすぐに次の準備へ

スマッシュはしっかりコースをねらい、また打ったあと、次の体勢をすぐに整え、元のポジションに戻る。

■ ボールの落下地点に動いてスマッシュ

※スマッシュの技術的なポイントに関してはP 39 へ

スマッシュ

ねらい 打球コースを予測してスマッシュの準備をする

Menu 030 スマッシュの連続打ち②

難易度 ★★★★☆
回数 10本

習得できる技能
▶ 基礎固め
▶ 攻撃力（スピード養成）
▶ 攻撃力（コントロール）
▶ 攻撃力（リズム・タイミング）
▶ 前衛（力）
▶ 戦術（セオリー）
▶ 発想力

やり方

Menu028と同様に、フィーダーの球に対して練習者はスマッシュを打つが、フィーダーはロビングを出す際に打つ方向に踏み込み、練習者はその踏み込み足を見て、そのコースへ動いてスマッシュを打つ。

コースの判断の仕方
➡ P74のMenu026をチェック

▲フィーダーの踏み込み足が引っ張り方向　▲前衛はフォア側の後方へ動き出す

▲フィーダーの踏み込み足が流し方向　▲前衛はバック側の後方へ動き出す

スマッシュ

ねらい 打球コースを予測してスマッシュの準備をする

Menu 031 スマッシュの連続打ち③

難易度 ★★★★☆
回数 10本

習得できる技能
▶ 攻撃力（スピード養成）
▶ 攻撃力（コントロール）
▶ 前衛（力）

やり方
Menu028と同様に、フィーダーの球に対して練習者はスマッシュを打つが、フィーダーは肩を入れて球を出し、練習者はフィーダーの肩の開き具合を見て、コースを予測しながらそのコースへ動き、スマッシュを打つ。

コースの判断の仕方
➡ P75のMenu027をチェック

▲肩を開きながらスイング→
前衛はフォア側の後方へ動き出す

▲肩が入ったままスイング→
前衛はバック側の後方へ動き出す

スマッシュ

ねらい 打球コースを予測してスマッシュの準備をする

Menu 032 スマッシュの連続打ち④

難易度 ★★★★☆
回数 10本

習得できる技能
▶ 攻撃力（スピード養成）
▶ 攻撃力（コントロール）
▶ 前衛（力）

やり方
Menu028と同様に、フィーダーの球に対して練習者はスマッシュを打つが、フィーダーは引っ張りコースと流しコースで打点を変え、練習者はフィーダーの打点の位置を見極めて、コースを予測しながらそのコースへ動き、スマッシュを打つ。

コースの判断の仕方
➡ P76のMenu028をチェック

▲打点が前→
前衛はフォア側の後方へ動き出す

▲打点が後ろ→
前衛はバック側の後方へ動き出す

スマッシュ

前方へ上がったロブに対してネットへ詰めて打つ

ねらい

難易度 ★★★★☆
回数 10本

習得できる技能
▶ 基礎固め
▶ 攻撃力（スピード養成）
▶ 攻撃力（コントロール）
▶ 攻撃力（リズム・タイミング）
▶ 前衛（力）
▶ 戦術（セオリー）
▶ 発想力

Menu 033 前進スマッシュの連続打ち

やり方

フィーダーは練習者のフォア側とバック側へ交互に浅いロブを上げ、練習者はサービスライン上のセンター付近からスタートし、ネットに詰めてスマッシュを打つ。ネットとサービスラインの間にコーンを置き、練習者は1球スマッシュを打ったらコーンの後ろの元のポジションに戻って、次のボールに対して準備する。スマッシュはストレートまたはクロスのアレーをねらい、10本入るまで行う。

なぜ必要？

前へ詰めるスマッシュのほうが難しい

前方へチャンスボールが上がってきたときというのはスマッシュを打つのは易しそうに見えますが、実は後ろに下がりながらのスマッシュとは軸足のつくり方が変わるため、注意が必要です。

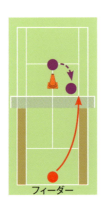

> **⚠ ポイント**　軸足となる右足を前に出してタメをつくってインパクトへ

浅く上がった打球に対してはネット際へ前進し、打球の落下点を見極めたら、軸足となる右足の位置を決めます。このとき、軸足はまずは前方に踏み込みます。同時に身体をひねり、タメをつくって、左足を踏み込んでラケットを振りだしていきます。

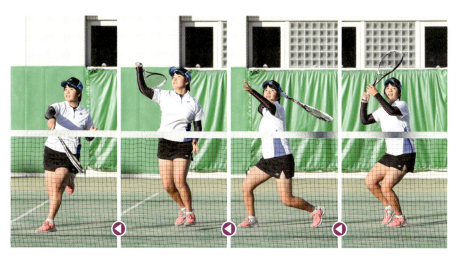

■ 回り込む時間がないときはバックのでたたく

相手後衛はロブを上げる場合でも前衛のバック側をねらうことが多いものです。浅く緩いロブの場合は回り込んでスマッシュを打つことも可能ですが、テンポが早かったりロブの角度がなかったりする場合は、回り込む時間がないこともあります。そうしたときは、バックのハイボレーでたたくと相手に次の準備をする時間を与えずに攻めることができます。

前衛の総合的プレー

ネット際のポジショニングとショットを磨く

ねらい

Menu 034 6コースボレー

難易度 ★★★★☆
回数 10周×6コース

習得できる技能
▶ 基礎固め
▶ 攻撃力(スピード養成)
▶ 攻撃力(コントロール)
▶ 攻撃力(リズム・タイミング)
▶ 前衛(力)
▶ 戦術(セオリー)
▶ 発想力

やり方

球出しは、①コートのフォアサイドの外側、②フォアサイドのアレー、③センター、④バックサイドのネット際、⑤バックサイドのアレー、⑥フォアサイドのサービスライン上の6コースから行い、下記の球出しを行う。練習者はそれに対して、実戦的にボレーを打つ。

フィーダーの球出しコース
A ①からシュートボールでストレートへ
B ②からシュートボールでクロスへ
C ③からシュートボールでクロスへ
D ④から前衛アタック
E ⑤からシュートボールでサイド抜き
F ⑤からシュートボールで逆クロスへ
G ⑤からストレートへロビング
H ⑥セカンドレシーブを想定した前衛アタック

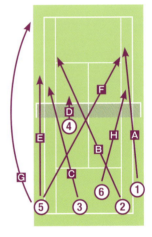

なぜ必要?

技術と動き方を総合的に

実戦では、前衛はさまざまなコースからくるボールに対して、対応していかなければなりません。それぞれのコースから打たれるボールに対しての動き方、ボレーの出方を体で覚えていきましょう。

ポイント

実践的に動く

相手コートの各コースからの打球に対して、どのように動くべきか、また、どの位置からスタートすればボールをとらえられるか考えましょう。打ったあとの準備を早くすることも大切。

前衛のポジショニングを意識する

文大杉並では、前衛のポジショニングを意識して動くために、練習用のネットに色付きのテープが貼られています。テープは、黄色、青、赤の3色。黄色はセンターに、青は黄色から1m50cm（責のポジション）、赤は青から1m（守りのポジション）。どのコースへのボレーに対しては、どの位置にポジションを取り、スタートを切ればいいか。また、どこにポジショニングすることで効果的にフェイントをかけられるか、試合の中でスタート位置をどう変えて相手と駆け引きするか。基本のポジショニングから実戦的なポジショニングまで、このテープを目安にして学んでいます。以降では、Menu034 の6コースボレーの各コースに対しての基本のポジショニングと動きを解説。当然、実戦ではここから試合序盤、試合中盤、試合終盤でバリエーションを加えていくので、このポジショニングと動きが全てではありません。

A ①からストレートへのシュートボールに対して

赤テープから動きだし、相手のストレートショットを止める

前衛の総合的プレー
ネット際のポジショニングとショットを磨く

B ②からクロスへのシュートボールに対して
青テープから黄色テープ（センター）へ動き、ポーチ

C ③からクロスへのシュートボールに対して
左足を青テープの位置に置き、逆サイドへ走り込んでポーチ

D ④からの前衛アタックに対して
ポジショニングは青テープと赤テープの間のまま、
ディフェンスボレーのあとフォローの意識も頭に入れておく

E ⑤からサイド抜きをねらったシュートボールに対して

青テープから黄色テープ（センター）へ動き、ポーチ

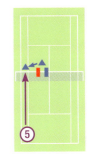

F ⑤から逆クロスへのシュートボールに対して

青テープと赤テープの間から、黄色テープ（センター）へ走り込んでポーチ

G ⑤からストレートへのロビングに対して

青テープに入り、相手がロビングを打つと判断したら後方へ下がってスマッシュ

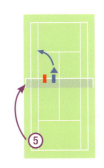

H ⑥から セカンドレシーブを 想定した前衛アタック

赤テープの外にポジショニングし、相手のサイドアタックに対してディフェンスに入る

前衛の総合的プレー

連続プレーでポイントを決める

ねらい

Menu 035 前衛の連続プレー① ボレー&スマッシュ

難易度 ★★★★☆
時間 20分

習得できる技能
- ▶ 基礎固め
- ▶ 攻撃力（スピード養成）
- ▶ 攻撃力（コントロール）
- ▶ 攻撃力（リズム・タイミング）
- ▶ 前衛（力）
- ▶ 戦術（セオリー）
- ▶ 発想力

やり方

前衛はネットの青テープの位置に立ち、フィーダーはサービスライン後ろから連続で2球出す。1本目はサイドのアレーへ、2本目はロビング。練習者は1本目をボレー、2本目はスマッシュを打つ。

？ なぜ必要？

実戦的なショットと動きを習得する

Menu024で前衛はすぐに元のポジションに戻る練習をしたが、想定されるのは連続プレー。ネットプレー1本で決まることは少ないので、連続プレーのパターンを繰り返し練習しましょう。このMenu034では、相手のサイドアタックに対応したあと、さらにチャンスボールがきた場面をイメージした連続プレーの練習です。

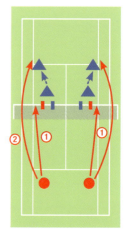

▲半面はフォアで相手の左ストレート展開を想定、逆サイドの半面ではバックで相手の右ストレート展開を想定して行う

！ ポイント

連続プレーの中でもポジショニングを意識する

相手コートの各コースからの打球に対して、どのように動くべきか、また、どの位置からスタートすればボールをとらえられるか考えましょう。

前衛の総合的プレー

連続プレーでラリーをつなぐ

Menu **036** 前衛の連続プレー② ボレー＆ローボレー

難易度 ★★★★☆
時間 20分

習得できる技能
▶ 攻撃力（スピード養成）
▶ 攻撃力（リズム・タイミング）
▶ 前衛（力）

やり方

前衛はネットの青テープの位置に立ち、フィーダーはサービスライン後ろから連続で2球出す。1本目はサイドのアレーへ、2本目は練習者が下がったところへシュートボールを打ち、練習者は1本目をボレー、2本目はローボレーで返球する。

なぜ必要？

ディフェンスの連続プレー

このMenu035では、相手のサイドアタックに対応したあと、チャンスボールが来るかと下がったところにシュートボールがきた場面を想定。これをローボレーでつなぐプレーを練習する。

ポイント

準備を早くすることでディフェンス力を高める

相手のサイドアタックに対してディフェンスをしたあとに、相手からの返球に対して早く準備することが大切です。早く構えをつくることで、相手からの返球がシュートボールでも対応することができます。

前衛の総合的プレー

連続プレーで
ポイントを決める

ねらい

Menu **037** 前衛の連続プレー③
ローボレー＆スマッシュ

難易度 ★★★★☆
時間 20分

習得できる技能
▶ 基礎固め
▶ 攻撃力（スピード養成）
▶ 攻撃力（コントロール）
▶ 攻撃力（リズム・タイミング）
▶ 前衛（力）
▶ 戦術（セオリー）
▶ 発想力

やり方

練習者はサービスライン上あたりに立ち、フィーダーは連続で2球出す。1本目はシュートボール、2本目は緩いチャンスボール。練習者は1本目をローボレー、2本目をスマッシュまたはハイボレーでポイントを決める。

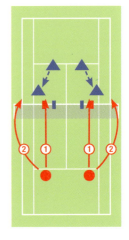

？ なぜ必要？

しのいだあとのチャンスボールを想定

前衛がネットからやや離れた位置からの連続プレーを想定。ローボレーで1本しのいだあと、短めのチャンスボールを決めにいきます。2打目は、フィーダーから出されるボールの高さによってハイボレーでもOK。

！ ポイント

準備を早くすることで
確実にチャンスボールを決める

1球目を打ったあと、すぐに相手からの返球に備えて構えをつくって準備します。準備を早くすることで、チャンスボールを確実に決めることができます。

前衛の総合的プレー

連続プレーで
ラリーをつなぐ

ねらい

Menu 038 前衛の連続プレー④
ボレー&スマッシュ&ローボレー

難易度 ★★★★
時間 20分

習得できる技能
▶ 攻撃力（スピード養成）
▶ 攻撃力（リズム・タイミング）
▶ 前衛（力）

やり方

練習者はサービスライン上あたりに立ち、フィーダーは連続で3球出す。1本目はシュートボール、2本目はロビング、3本目はスマッシュのフォローを意識したボールを出し、練習者は1本目をローボレー、2本目をスマッシュ、3本目をローボレーで返球。

❓ なぜ必要？

決めにいったあとのフォローを想定

これも実戦で前衛が直面しやすい連続プレーです。2打目でスマッシュを打ち、ポイントを決めにいったが、相手がフォローした場面を想定しています。

❗ ポイント

常に相手からの返球があると想定して準備する

実戦では、前衛がチャンスボールを決めにいっても相手にフォローされた場合、一気に形勢が逆転する場合もあります。常に次に備えて準備することが大切です。特にチャンスで攻めにいったときに逆にカウンターを受けることは多いものです。

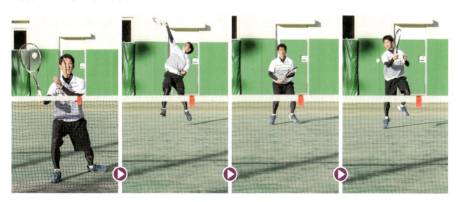

91

前衛の総合的プレー

連続プレーを鍛える

Menu **039** 10本ボレー

難易度 ★★★★★
回数 _____

習得できる技能
▶ 基礎固め
▶ 攻撃力(スピード養成)
▶ 攻撃力(コントロール)
▶ 攻撃力(リズム・タイミング)
▶ 前衛（力）
▶ 戦術（セオリー）
▶ 発想力

やり方

練習者は1人、フィーダーはABの2人で行う。フィーダーは①AがサイドにシュートボールⅠ、②Aがセンターにシュートボール、③Aがサイドにチャンスボール、④Aがクロスコートにチャンスボール、⑤Bがサイドにシュートボール、⑥Bがサイドにシュートボール、⑦Bがセンター寄りにシュートボール、⑧Bがサイドにシュートボール、⑨Bが逆クロスへシュートボール、⑩Aがロビングの順に球出しし、練習者はそれぞれ①バックローボレー、②フォアローボレー、③バックハイボレー、④フォアポーチ、⑤ディフェンスボレー、⑥フォアポーチ、⑦バックボレー、⑧フォアボレー、⑨バックポーチ、⑨フォアボレー、⑨バックポーチ、⑩スマッシュで返球。30秒間行い、最後は10本ノーミスで。

❓ なぜ必要？

実戦的な動きを身につける

10本の球出しのコースは、ある程度、ネットプレーがうまく流れていくような球出しになっています。同時に実戦的な球出しコースでもあるので、この動きをスムーズにこなせるように練習しましょう。

❗ ポイント

準備を早くすることでミスを防ぐ

一つひとつのショットを正確に打つと同時に、打ったあと次への準備を早くすることが大切です。それによって、余裕を持ってプレーすることができ、ミスを防ぐことにもつながります。

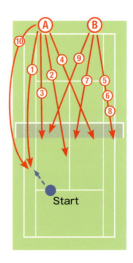

前衛の総合的プレー

ローボレーでしのぐ

Menu **040** 3対1のローボレー

難易度 ★★★★☆
時間 15分

習得できる技能
▶ 攻撃力（コントロール）
▶ 攻撃力（リズム・タイミング）
▶ 前衛（力）

やり方

練習者はサービスライン上あたりのセンターに立ち、フィーダーは両サイドとセンターの3カ所から次々にボールを出す。コースはランダム。練習者はそれに対して、瞬間的に反応してローボレーを打ち、戻りを早くして次の球に備える。

？ なぜ必要？

つなぐボレーを身につける

実戦では一発で決まることは少なく、常に次のボールに対して準備する必要があります。スピードアップしたテンポの中でどのコースに来たボールに対しても反応して、返球する能力を鍛えましょう。

❗ ポイント

自分のボレーから次の返球を予測する

ボレーをしたあとにすぐに構えをつくること。また、自分の打ったボレーによって、相手のポジションや体勢を見て予測してポジショニングすることも必要です。

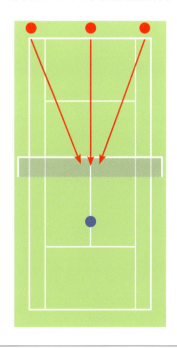

93

前衛の総合的プレー

ねらい ローボレーでしのぐ

Menu 041　3対1のローボレー（レベルアップ）

難易度 ★★★★☆
時間 15分

習得できる技能
- 基礎固め
- 攻撃力（スピード養成）
- ▶ 攻撃力（コントロール）
- ▶ 攻撃力（リズム・タイミング）
- ▶ 前衛（力）
- 戦術（セオリー）
- 発想力

やり方

練習者はサービスライン上あたりのセンターに立ち、フィーダーは両サイドとセンターの3カ所から次々にボールを出すが、Menu040との違いは、フィーダーがサービスラインくらいまでポジションを上げてボールを出す。練習者はそれに対して、瞬間的に反応してローボレーを打ち、戻りを早くして次の球に備える。

? なぜ必要？

より早いテンポのプレーに慣れる

実戦では、自分たちの打球が甘くなり、相手が攻撃的なポジションから打ち込んでくるボールに対しても前衛はディフェンスしなくてはなりません。またボレーボレーの応酬も増えています。より攻撃的なショットに対して、ローボレーで返球する練習をしておきましょう。

! ポイント

さらに素早い準備を意識

テンポが速くなってくると、より難しさが増してきます。さらに素早い準備を意識して、ラケット面が弾かれないようにボールを返球していきましょう。

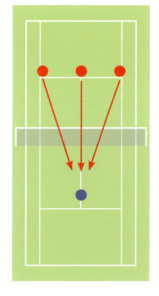

前衛の総合的プレー

ディフェンス力の向上
（ねらい）

難易度 ★★★☆☆
回数 1人3回

習得できる技能
▶ 攻撃力（コントロール）
▶ 前衛（力）

Menu 042　50cmボレー

やり方

球出し役と練習者は50cmほど離れて立ち、球出し役はその至近距離から練習者の顔の高さにボールを出す。練習者はラケットを顔の前に構え、このボールをラケットで弾き返す。

なぜ必要？

恐怖心を取り除く

至近距離から打たれることによる恐怖心を取り除くための練習。実際の試合でもチャンスボールで相手が至近距離から打ち込んでくることはよくありますが、そういった場面で前衛が逃げてしまうことも多い。ラケット面は顔よりも大きいため、顔の前にラケットを構えてさえいれば顔にボールが当たることはない。しっかり構えていれば、顔や体にボールが当たることもなく、ラケットでボールを弾き返すことができることを体で覚えましょう。また、しっかり構えることで、相手も打つところがなく、正面にぶつけにくることも多くなります。

ポイント

ボールがラケットに当たる瞬間に力を入れる

このディフェンスボレーでは、できるだけボール真下に落とすように返球します。ラケットを振ったり、余計な力が入ってしまうと、ボールが飛びすぎてしまったり、ミスショットの原因に。ボールがラケットに当たる瞬間にタイミングよくグッとグリップを握ると、ボールが真下に落ちます。そのタイミングがつかめるように練習しましょう。

エピソード

日本一をかなえたディフェンスボレー

2017年に国内ソフトテニスの頂点を争う皇后杯で、67年ぶりの高校生女王となった文大杉並高校の林田リコ／宮下こころ。この2人の皇后杯での快進撃の裏に、前衛・宮下のディフェンスボレーの向上があった。もともと戦術面での定評のあった宮下だが、社会人などと対戦するにあたってディフェンス力が課題と野口監督は見ていたが、大会前には『50cmボレー』の練習を繰り返し、ディフェンス力を強化。大会では、宮下は次々と相手後衛の前衛アタックを止め、林田／宮下は見事に頂点へと駆け上がった。

前衛の総合的プレー

<small>ねらい</small> 連続プレーを鍛える

Menu 043 移動ボレー&スマッシュ

難易度 ★★★★☆
回数 各10周

習得できる技能
▶ 基礎固め
▶ 攻撃力(スピード養成)
▶ 攻撃力(コントロール)
▶ 攻撃力(リズム・タイミング)
▶ 前衛(力)
▶ 戦術(セオリー)
▶ 発想力

やり方

フィーダーはベースライン内側から①クロスへのシュートボール、②サイドアタック、③クロスへのロビングの順でボールを出し、前衛はそれをポーチおよびスマッシュで返球する。

？ なぜ必要？

１面の幅を使って動く

後衛から打たれるシュートボールの８割は後衛の前に打たれるという統計もあるように、強打のコースのほとんどは後衛同士の打ち合いです。サイドを抜こうとする強打は２割しかないことを考えると、前衛にとってはまずは後衛同士のラリーでポーチに出ることが重要なことが分かります。ここでは１面の幅を使って動きながらの連続プレーを繰り返し練習しましょう。

! ポイント 早く元のポジションに戻ることで次のショットの準備ができる

ボレーの一つひとつの技術練習と同時に、ひとつの動作が終わったあと、いかに早く元のポジションに戻るかがポイント。早く戻ることで、次のショットに対して早くスタートを切ることができ、打球の位置に早く入ることができます。総合的に、スムーズに動けるようになることが重要です。

■ 右ストレートのボレーからポーチ→スマッシュの動き

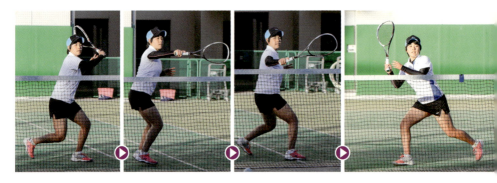

■ 左ストレートのボレーからポーチ→スマッシュの動き

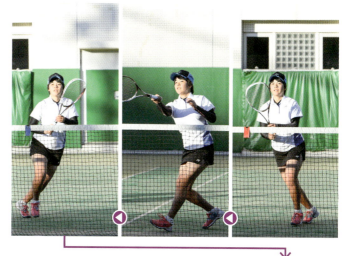

スマッシュ

どこからでも
スマッシュを決める

ねらい

Menu **044** 4種類のスマッシュ練習

難易度 ★★★★☆
回数 各10秒×2〜3セット

習得できる技能
▶ 基礎固め
▶ 攻撃力（スピード養成）
▶ 攻撃力（コントロール）
▶ 攻撃力（リズム・タイミング）
▶ 前衛（力）
▶ 戦術（セオリー）
▶ 発想力

やり方

1面に4人が入り、4人はフィーダーから上がってきたロブに対して、それぞれスマッシュを打つ。スマッシュは①ネット際からサービスラインに下がって打つ、②サービスラインから後方へ下がって打つ、③サービスラインからネット際に詰めて打つ、④ベースラインから前に詰めて打つ、の4種類。1種類につき30秒間行い、ローテーションする。

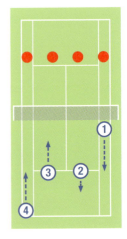

？ なぜ必要？

チャンスボールに対応する

コートのさまざまなところに上がるチャンスボールに対応するための練習。後ろに下がりながら打つスマッシュ、前に詰めて打つスマッシュは軸足の設定の仕方が異なるので、それを使い分けてスマッシュを打てるようになろう。また、後衛もチャンスボールに対してスマッシュを打つ場面もあるので、ベースラインから詰めていき打つスマッシュを含め、前衛だけでなく後衛も練習に参加する。

❶ネット際からサービスラインへ下がって打つ

⚠ ポイント

「1」をつくって
踏み込んで打つ

ボールの落下点に早く入って、軸足が決まったときにテークバックを完了し、「1」をつくります。「1」をつくったあと、しっかり踏み込んで打ちましょう。

❷サービスラインから後方へ下がって打つ

⚠️ ポイント
高い打点でとらえる

深い位置からのスマッシュになりますが、打点が下がるとネットやアウトのミスにつながるので、高い打点でとらえることが大切です。そのためにも早くボールの落下点に入ること。間に合わないときはジャンプスマッシュで対応しましょう。

❸サービスラインからネット際に詰めて打つ

⚠️ ポイント
体が開かないように

前に出ながらのスマッシュは、体が開きやすく、また打点が前になりすぎてネットすることが多くなります。前に詰めていったときも、軸足をしっかりと設定し、ギリギリまで体が開かないように意識します。そこから踏み込んでスイングしましょう。

❹ベースラインから前に詰めて打つ

⚠️ ポイント
難易度の高いスマッシュ

ロブがかなり高く上がり、そこから落ちてくるボールは落下スピードも早くなるため、打点のとらえ方が難しく、難易度の高いスマッシュ。テークバックのタイミングが難しくなりますが、早く準備をして、ボールが落下するタイミングに合わせてスイングします。このスマッシュをマスターすると、他のスマッシュが易しく感じ、自信がつくはずです。

99

スマッシュ
どこからでもスマッシュを決める

100

より実戦的なジャンピングスマッシュをマスターする

チャンスボールを決めにいくスマッシュだが、決して簡単なロブとは限らない。実戦では、落下点に身体が入らない状態でスマッシュを打たざるを得ないことも多いものです。そんな場合は、ジャンプしてボールをとらえにいきます。軸足（右足）でジャンプし、空中で身体のひねり戻しを使いながらラケットをスイングします。空中で足を前後に入れ替え、軸足と反対側の左足で着地します。

> **! ポイント**
>
> ### 体を横向きにして
> ### ボールの落下点へ
>
> ロブが深かったとしても、後ろ向きに下がったのでは、ボールの落下地点やタイミングをとらえるのは難しい。通常のスマッシュと同じで、体を横向きにしてつま先を後方に向けてクロスステップでボールの落下点へ入っていきましょう。ボールが深く、ジャンプが必要だと判断したら、「1」をつくった状態の軸足で地面を蹴って、ジャンプします。

> **! ポイント**
>
> ### ジャンプの頂点で
> ### ボールをヒット
>
> ジャンプした高い打点でボールをとらえることがジャンピングスマッシュの成否を決めます。ジャンプのタイミングが合わなかったり、ジャンプしたあと落ちていくタイミングでボールをヒットすると、ボールにパワーが伝わらないだけでなく、打球をコントロールすることも難しくなってしまいます。ジャンプした頂点でタイミングよくボールをヒットできるように繰り返し練習しましょう。そこから空中で足を前後に入れ替えるように体を回転させてスイングします。

野口英一監督の 50音テニス語録

な行編

な　なまけは心

才能に恵まれていても心の面でブレーキがかかる選手がいます。人もうらやむ身体能力を持ちながら、すぐに手を抜く、練習を休む。はじめから何でもできてしまうことの怖さです。ソフトテニスは怠けたり、ずるいことをしたりする選手は不思議と勝てません。勝ち切るためには、怠ける心を打ち消す必要があります。

に　日本一に手を伸ばせ

たくさん練習して、うまく、たくましくなって、ようやく目標に手が届くというときに、不思議なもので、自ら手を引っ込めてしまうことが実際には多いものです。その腕を伸ばしきれるかどうか。私は、そこに『思い』が出るのだと感じています。はじめは夢のような目標でも、最後には「手を伸ばすだけ」の瞬間がやってくる。そこでどんな行動がとれるかは、どんな日々を過ごすかにかかっています。最後の瞬間、その手を伸ばすのは、自分以外にいないのです。

ぬ　盗むも技術

あの人みたいにうまくなりたい！　そんなふうに心に火が点いたら、まずはその人をよく見ることです。その人のいいところはどこか、その技術は何に支えられているのか。自分に足りないものは何か。見る中で掴み取っていく、盗む力です。それもプレーヤーの技術だと思います。

ね　ネットは命取り

大一番で絶対にしたくないミスは何でしょうか。私はネットミスだと考えています。ネットはラケットが振れていないとき、踏み込めていないときに起きます。つまり、メンタルと大きく関係しています。大事な場面で弱気が出た証です。一方、アウトは同じミスでもラケットが思い切り振りきれている証拠です。

の　のぞみは高く

「のぞみ」とは、部員一人ひとりの目標を指しています。部員には、全国トップレベルもいれば、初心者のような生徒もいます。同じ目標を目指すには無理があります。大切なのは、その子なりの目標を立て、着実に達成していくことです。それぞれ違った目標を持った子たちに、練習の中でそれぞれ達成感を持たせるためには、選手のレベルによって「定位置で10本」「手投げで10本」「走って10本」など数値の目標を掲げるといいでしょう。着実に成長を感じられますし、達成したときにはみんなで喜び合えます。

第5章
後衛と前衛の応用練習

後衛と前衛が同じコートに入って練習することで、生きたボールを打つことができ、より実戦に近いシチュエーションで練習することができます。ここでは、後衛と前衛が同じコートに入って打ち合う応用練習を紹介します。後衛、前衛とも相手がどのような状況で、どのようなコースに打つかなどよく観察しながら練習しましょう。

後衛と前衛の応用練習

攻めるストロークとボレーを磨く

ねらい

Menu 045 前衛をつけての
ランニングストロークの1本打ち

難易度 ★★★☆☆
時間 20分

習得できる技能
▶ 基礎固め
▶ 攻撃力(スピード養成)
▶ 攻撃力(コントロール)
▶ 攻撃力(リズム・タイミング)
▶ 洞察力(分)
▶ 戦術(セオリー)
▶ 発想力

やり方

Menu013のランニングストロークの1本打ちを、前衛をつけて行う。クロス展開を想定しているため、練習者の前衛はフィーダーの逆サイドに立ち、そこからポーチをねらって動き出す。フィーダーはストレート方向へ球を出し、練習者の後衛は逆サイドへ走って返球。ねらうコースは逆クロスのアレーまたはストレートのアレー。対面する前衛は、逆クロスの球に対してポーチに出るか、もしくはストレートの球に対してディフェンスする。

? なぜ必要?

逆サイドへ走って、厳しいコースへ

攻撃的なストロークを打つ選手に対しては、相手はロブでコースチェンジを行ってきます。後衛はそれに対して、走りながらもしっかりとコースをねらってシュートボールで厳しく、また正確に打ち返していかなければなりません。また、逆に前衛はこのように相手を走らせたときほど勝負どころになります。

! ポイント

プレッシャーのある中で攻める

ストローカーは前衛がついたプレッシャーのある状況でも、シュートボールで厳しいコースをねらって打ちましょう。また、前衛はストローカーがフォアハンドで回り込んで打つのか、バックハンドで打つのか見極めて、コースを読むことも必要になります。

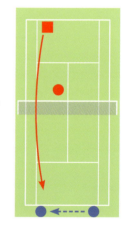

■ストローカーが回り込んで逆クロスへ打つ

後衛のポイント
簡単に前衛に取られないように、左肩を入れてコースを読ませないようにしましょう。そのためにも、できるだけ早く打点に入って、余裕を持っておくことが大切です。

前衛のポイント
相手コートにあるボールの落下地点を予測して、ポジショニングします。早くポジショニングすることができれば、相手の後衛を見る時間が長くなり、どこへボールを打つのか見極めることができます。

■ストローカーが回り込んでストレートに打つ

後衛のポイント
動かされると同じフォームで打つことが難しくなりますが、動かされた中でも同じフォームで逆クロス、ストレートの両方に打てるようにしておくことが大切です。同じフォームで打つことで、相手前衛にギリギリまでコースを読ませないようにすることができます。

前衛のポイント
相手コートにあるボールの落下地点を予測して、ポジショニングします。ポジショニングを早くし、相手後衛の体勢や打点を見ることで相手の打つコースを見極めてボレーしましょう。

後衛と前衛の応用練習

攻めるストロークとボレーを磨く

ねらい

Menu 046 前衛をつけてのランニングストロークの
1本打ち（バックサイドからフォアサイドへ）

難易度	★★★☆☆
時間	20分

習得できる技能
- 基礎固め
- 攻撃力（スピード養成）
- 攻撃力（コントロール）
- 攻撃力（リズム・タイミング）
- 前衛（力）
- 戦術（セオリー）
- 発想力

やり方

Menu 044 の逆サイドの動きでストロークとボレーを行う。最初のポジションは逆クロス展開を想定しているため、練習者の前衛はフィーダーの逆サイドに立ち、そこからポーチをねらって動き出す。フィーダーはストレート方向へ球を出し、練習者の後衛は逆サイドへ走って返球。ねらうコースはクロスのアレーまたはストレートのアレー。対面する前衛は、クロスの球に対してポーチに出るか、もしくはストレートの球に対してディフェンスする。

? なぜ必要？

逆クロス展開から
フォアサイドへ

逆クロス展開のラリーから、ストレートへロブを打たれ、走らされた状況でよくある場面を想定。後衛はそれに対して、走りながらもしっかりとコースをねらってシュートボールで厳しく、また正確に打ち返していきます。また、前衛はこのように相手を走らせたときほど勝負どころになるため、積極的にポーチに出ましょう。

! ポイント

プレッシャーの
ある中で攻める

ストローカーは前衛がついたプレッシャーのある状況でも、シュートボールで厳しいコースをねらいます。基本的にロビングに対しては、相手後衛はクロスに引っ張ることがほとんどのため、前衛は相手後衛の引っ張りに対してしっかりボレーに出るということがこの場面では重要になるでしょう。

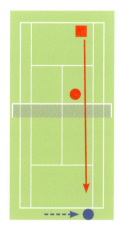

■ストローカーがクロスへ引っ張る

後衛のポイント
左肩を入れて構え、コースを読ませないようにして、そこからクロスへ打ちましょう。できるだけ早く打点に入って、余裕を持っておくことが大切です。

前衛のポイント
相手コートにあるボールの落下地点を予測し、ポジショニング。相手の後衛をよく見て、打球のコースを予想してボレーに出ましょう。

後衛がクロスへ
後衛はコースを読ませないために、クロスへ打つときもストレートに打つときも同じようなフォームで打ちます。一方、前衛は後衛の踏み込み足や肩の入りを見ながらコースを予測しますが、最後は打点で判断しなくてはなりません。

後衛がストレートへ
踏み込み足の方向、肩の入りまで同じで、最後は打点を遅らせてストレートへ。

後衛と前衛の応用練習

後衛、前衛ともがより攻撃的にプレーする

難易度 ★★★★☆
回数 3～4セット

Menu 047 前衛をつけてのストローク7本打ち

習得できる技能
- 基礎固め
- 攻撃力（スピード養成）
- 攻撃力（コントロール）
- 攻撃力（リズム・タイミング）
- 前衛（力）
- 戦術（セオリー）
- 耗感力

やり方

練習者はクロス側のベースラインに立つ。フィーダーは対面するコートのクロスから球出しを行い、①センター、②クロス、③センター、④クロス、⑤ストレート、⑥ストレート、⑦センターの順でボールを出し、練習者はこれを両サイドのアレーをねらって打つ。練習者の対面には前衛をつけ、練習者のストローカーはこの前衛の動きを見ながら、前衛に取られないようにどちらかのアレーをねらう。7本打ちだが、最後にフィーダーは浅いチャンスボールを出し、後衛はこれをしっかりと打ち込んでポイントを決めにいく。

？ なぜ必要？

後衛と前衛の駆け引き

実戦では、後衛はさまざまなコースにきたボールに対して、相手の前衛を見ながら相手の前衛に取られないように、より攻撃的にプレーしていく必要があります。また、前衛もそのコースによってポジションを変えながら、後衛の打ち方を見ながら返球コースを予測し、ポーチに行く必要があります。1球1球、後衛と前衛は勝負。相手のミスを待つのではなく、1球目から自らポイントを取りにいくプレーをしましょう。文大杉並高校では試合前に行う練習のひとつ。

❗ ポイント

相手がどこへ打つか、どう動くかを考える

前衛は相手の状況によって打球コースを予測してポジショニングします。後衛は、前衛にとれないコースへ打ち分けます。相手前衛にコースを読まれているなど苦しい体勢でシュートボールを打てないときは、攻撃的なロブを打ってもOK。

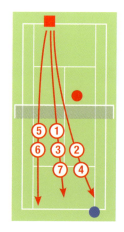

■ センターからの駆け引き

後衛はセンターに出されたボールに対し、両サイドのどちらをねらうか判断する。前衛のポジショニングや動きも判断も材料とする。センターからは厳しいコースをねらうとミスにつながりやすいので気をつけましょう。前衛は後衛がどちらのコースを選択するかを読んでボレーに出ます。

■クロスサイドからの駆け引き

後衛はクロスサイドに出されたボールに対し、クロスのアレー、もしくはストレートのアレーどちらをねらうか判断する。前衛のポジショニングや動きも判断の材料とする。また、後衛自身のスタンス、タイミングによって前衛はボレーに出るサイドを決めるため、この予測を外すように打つことも必要になる。前衛は後衛がどちらのコースを選択するかを読んでボレーに出る。

■逆クロスサイドからの駆け引き

後衛は逆サイドへ走り、逆クロスのアレー、もしくはストレートのアレーどちらをねらうか判断する。前衛のポジショニングや動きも判断の材料とする。また、後衛自身のスタンス、タイミングによって前衛はボレーに出るサイドを決めるため、この予測を外すように打つことも必要になる。前衛は後衛がどちらのコースを選択するかを読んでボレーに出る。

■チャンスボールでの駆け引き

後衛はチャンスボールに対して、どこへ打つか判断して選択する。
前衛は後衛の打つコースを読んで攻撃を止める。

後衛と前衛の応用練習
後衛、前衛ともがより攻撃的にプレーする

戦術MEMO
後衛に対面する前衛は、後衛のポジションやスタンスなどを見ながらボレーに出る方向を選択していきます。後衛はスタンスや打点により打ちやすいコースがありますが、当然レベルアップしていけば、後衛はあえてスタンスや打点を変えて前衛にコースを読ませないようにしていくため、駆け引きはさらに複雑になっていきます。まずは、スタンスや打点による基本的なコースを頭に入れておきましょう。

■浅いチャンスボールに対して、後衛がフォアに回り込んで打ってくるとき
➡前衛はストレート（引っ張り）をケア

このケースでは、相手後衛はストレート（引っ張り）にも、逆クロス（流し）にも打てる状況ですが、前衛がよりケアをしなくてはいけないのは、ストレート。ここを抜かれてしまうと味方後衛がフォローするのは難しいので、このコースは抜かせないようにディフェンスすることが大切です。

▼浅いチャンスボールでは後衛は積極的にストレートをねらう

■深いボールに対して、後衛がフォアに回り込んだとき
➡前衛は逆クロス（流し）も予測に含める

ベースラインの深い位置での打ち合いで、相手後衛がフォアに回り込んで打つときというのは、体の使い方としても逆クロス（流し）に打ちやすいケース。前衛は、こうしたラリーでは逆クロス（流し）も予測に含めて、積極的にポーチにいっていいでしょう。

▼コートの深い位置からは踏み込みが使いにくく、体の回転を使って打つことになるため、逆クロス（流し）へのストロークになりやすい

■クロスコートの浅いチャンスボールに対して

➡前衛はストレートをケア

このケースでは、後衛はクロス（引っ張り）にもストレート（流し）にもどちらにも打てる体勢ですが、前衛がケアすべきはストレート。ここを抜かれると、味方後衛はフォローが難しいので、このコースは抜かせないようにディフェンスを意識します。特に、ここでストレートを抜かれてしまうと、味方後衛はバックハンドでフォローしなくてはならず、より難しい展開になります。

▼浅いチャンスボールでは後衛は積極的にストレートをねらってくる

■クロスコートの深いラリー展開では

➡前衛はどちらのコースも予測に含める

クロスコートの深いラリー展開では、相手の得意不得意もありますが、基本的にクロス（引っ張り）、ストレート（流し）のどちらの可能性も頭に入れておく必要があります。相手が厳しく走らされて打点が遅れたような状況では、ロブなども予想されますが、体の回転だけでクロス（引っ張り）にシュートを打てるレベルなら選択肢はそれだけに限りません。

▲フォアサイドに走らされ、ベースラインの深い位置から体の回転を使ってクロスへ

▲フォアサイドに走らされ、ベースラインの深い位置から打点を遅らせてストレートへ

後衛と前衛の応用練習

苦しい中でも攻撃的にプレーするスタミナを養う

Menu 048　7本打ちからの1分間

難易度 ★★★★☆
回数 3〜4セット

習得できる技能
- ▶ 基礎固め
- ▶ 攻撃力(スピード養成)
- ▶ 攻撃力(コントロール)
- ▶ 攻撃力(リズム・タイミング)
- ▶ 筋素(力)
- ▶ 戦術(やすり一ト)
- ▶ 柔軟力

やり方

1対3でコートに入り、3側はベースラインに2人、ネットに1人つき、Menu047と同様に1側の練習者へ①センター、②クロス、③センター、④クロス、⑤ストレート、⑥ストレート、⑦センターの順でボールを出し、練習者はこれを両サイドのアレーをねらって打つ。7本目以降は、練習者は1対3で1分間打ち合い、前衛は後衛のポジションとショットによって適切なポジションをとり、ボレーを行う。前衛に決められたら、フィーダーである2人側がすぐにボールを出し、1人側を休ませないこと。

❓ なぜ必要？

体力強化の要素を加えた実戦練習

後衛のスタミナを養うためのトレーニング要素のある練習に、実戦要素も加えた練習。3人を相手にしているため、1側はどういうボールを打てばオープンスペースを作れるか考えながら配球します。また、前衛は後衛のポジションやラリーによって、ポジショニングを意識しましょう。

⚠ ポイント

振り回される中でも攻めるボールを

練習者は振り回されても、シュートボールを打ち続けましょう。スタミナ養成が必要な時期には2分間に練習時間を増やすなどで負荷をプラスします。

皇后杯チャンピオン 林田リコのおすすめ練習法！

この練習は、インターハイ個人&団体2連覇および高校3年生にして皇后杯を制した女子ソフトテニス界トップ後衛の林田リコが「文大杉並で行っていた印象的な練習」として挙げた練習法のひとつ。「いわゆる"振り回し"の練習だが、自分からもシュートボールを打たなければいけません。ポイントは、球出し役にとにかくきついボールを出してもらうこと。7本打ちから1分間もしくは1分30秒というのが基本で、ミスをしたら2分に増やすという設定をして、ミスなく攻撃的なショットを打つ練習をしていました」

後衛と前衛の応用練習

後衛はより攻撃的なプレー、前衛はディフェンスを強化する

ねらい

難易度 ★★★★
回数 3～4セット

Menu 049 前衛をつけてのストローク7本打ち
レベルアップ編

習得できる技能
▶ 攻撃力（スピード養成）
▶ 攻撃力（コントロール）
▶ 攻撃力（リズム・タイミング）

やり方

Menu046と同様に、フィーダーは対面するコートのクロスから球出しを行い、①センター、②クロス、③センター、④クロス、⑤ストレート、⑥ストレート、⑦センターの順でボールを出すが、①～⑦の中に短いボールも交ぜる。練習者はこれを両サイドのアレーをねらって打つが、短いボールにも対応する必要があるため、できるだけベースラインの後方に下がるのではなく、ベースラインからラケット2本分以内の範囲でプレーすることを心がける。対する前衛は、相手後衛がコートの前方から打ち込んでくる球に対してはしっかりディフェンスする。

◀ 下がってもラケット2本分。試合では、ラケット1本分以内の範囲でプレーできるように心がけよう

なぜ必要？

前でプレーすることで攻撃力アップ

実戦では、相手は左右だけでなく、前後に揺さぶってきます。前に短く落とされたボールに対して、ベースライン後方の深い位置に立っていては、対応が遅くなってしまうだけでなく、守備的なプレーになってしまいます。できるだけベースライン付近にポジショニングをとり、ライジングで打ち、短いボールにも対応できる準備をしておきましょう。

ポイント

できるだけ前で、ライジングでとらえる

コート後方に下がるのではなく、常にベースライン前後でプレーできれば、より早いテンポで攻撃的にプレーできる。また、短いボールに対しては、ぎりぎりで返球するのではなく、できるだけ早く前に詰め、ライジングでとらえましょう。

前衛と後衛の応用練習

ローボレーと
ローボレーフォロー強化

難易度 ★★★☆☆
時間 10分交代

習得できる技能
▶ 基礎固め
▶ 攻撃力(スピード養成)
▶ 攻撃力(コントロール)
▶ 攻撃力(リズム・タイミング)
▶ 前衛(力)
▶ 戦術(セオリー)
▶ 競技力

Menu 050 1対1のボレー対ストローク

やり方

ボレー対ストロークで打ち合うが、ローボレーフォローを想定し、ストローカーはコート内の短いボールに対して沈むボールを打つ。ストレート、クロス、逆クロスのそれぞれのコースで行う。ボレーが浮いてきたら、踏み込んで、ノーバウンドで攻めるなどしてもOK。

？ なぜ必要？

つなぐボレーでラリー

実戦では、前衛は簡単なボレーよりもローボレーを強いられることも多く、また後衛は相手前衛からの打球をフォローする場面が多くなります。お互いにミスなくラリーを続けられるように練習しましょう。

！ ポイント

**ボレー側はミスをせず、
ストローク側は
相手の嫌なところをねらう**

ローボレーでは、ボレー側はミスなく確実に返球することが大事になります。ストローク側は、相手の体勢やラケット面を見て、どのあたりにボールが落ちるか素早く予測すること。また、相手のどこを攻めたらどのような体勢になるかなど、相手を見ながら攻めることも必要になってきます。

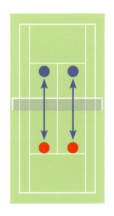

ストローク側の ポイント

相手にいかに浮いたボレーを打たせるかを考えましょう。そのためには、速く、低い打球を打つこと、また厳しいコースをねらって打つことが必要です。相手のバック側、また体の正面はボレーが難しいので、体の正面も有効です。

ボレー側の ポイント

ボレー側もテンポよく、早いタイミングで返球することで相手の時間を奪いましょう。いかにチャンスボールを上げさせるか、スマッシュにつなげる展開にできるかを考えましょう。

体の近くへ来たボールはバックで対応

体の正面にボールがきた場合には、体を逃がしながら、バックハンドで面をつくります。ローボレーでネットから離れているので、特につないでいく意識が必要で、ミスせず打球をコントロールしましょう。

Point! 体を逃がし、バックハンドの面をつくる

前衛と後衛の応用練習

前衛レシーブからの動きを磨く
ねらい

Menu 051　レシーブからのローボレー

難易度 ★★★☆☆
時間 10分交代

習得できる技能
▶ 基礎固め
▶ 攻撃力（スピード養成）
▶ 攻撃力（コントロール）
▶ 攻撃力（リズム・タイミング）
▶ 瞬発（力）
▶ 戦略（セオリー）
▶ 愛球力

やり方

Menu049と同様に半面で1対1となって打ち合うが、一方はサービスから打ち始め、もう一方はレシーブ。レシーブ側がレシーブを打ったあと、ネットに出てローボレー対ストローク（ローボレーフォロー）で打ち合う。

？ なぜ必要？

レシーブ後ネットへ

前衛がレシーブする場面を想定。前衛はレシーブ後、ネットへ出るが、このあと前衛にボールが返ってくる場合は足元への厳しい打球であることが多い。この局面からのラリーを繰り返して練習する。

！ ポイント

自分が打った打球によって返球を予測する

自分がレシーブしたあと、まずはネットに早く詰めること。さらに、ただ前に行くだけでなく、自分が打った打球の深さ、速さ、コースによって相手の返球を予測します。

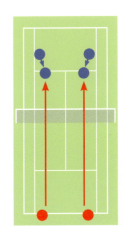

前衛と後衛の応用練習

前衛サーブからの動きを磨く

ねらい

Menu 052　サービスからのローボレー

難易度 ★★★☆☆
時間 10分交代

習得できる技能
▶ 攻撃力（スピード養成）
▶ 攻撃力（コントロール）

やり方

Menu049と同様に半面で1対1となって打ち合うが、一方はサービスから打ち始め、もう一方はレシーブ。サーブ側がサーブを打ったあと、ネットに出てローボレー対ストローク（ローボレーフォロー）で打ち合う。

？ なぜ必要？

サーブ後ネットへ

前衛のサーブ場面を想定。前衛はサーブ後、ネットへ出るが、このあと前衛にボールが返ってくる場合は足元への厳しい打球であることが多いものです。この局面からのラリーを繰り返して練習しましょう。

❗ ポイント

自分のサーブによって返球を予測する

サービスの球種やコースによって、相手からの返球を予測しながら前へ詰めていきましょう。ボレーを返したあともラリーの中で自分の打球から相手の返球をある程度予測することができます。相手に簡単に攻めさせないようにプレーしましょう。

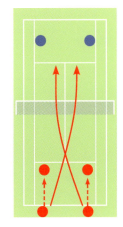

■ オーバーヘッドサーブからネットへ

■ カットサーブからネットへ

応用練習

ストロークでダブルフォワードを打ち崩す

Menu **053** 2対2のネットプレー対ストローク

難易度 ★★★★☆
時間 10分交代

習得できる技能
▶ 基礎固め
▶ 攻撃力（スピード養成）
▶ 攻撃力（コントロール）
▶ 攻撃力（リズム・タイミング）
▶ 前衛（力）
▶ 戦術（セオリー）
▶ 発想力

やり方

ペアとなり、1組はボレー側とストローク側で打ち合う。ストローク側はMenu049と同様に、ローボレーフォローをイメージして、ベースラインの内側でポジショニングし、ストレートとクロスにランダムに打つ。

なぜ必要？

ダブルフォワード対策を考える

ボレー対ストロークをダブルスペアで行う練習。実戦では陣形は雁行陣に限らず、相手2人がネットへ出てプレーするダブルフォワードの陣形でプレーすることもあります。ダブルフォワード対策をイメージして、ストロークで前衛を攻めましょう。また、2人でネットでプレーするペアの方はダブルフォワードでプレーする際をイメージして練習します。

ポイント

オープンコートをいかにつくるか

お互いにオープンスペースをいかに見つけるか。ストローク側は速いボールで攻めることが第一ですが、緩急や配球でオープンスペースをつくって攻めましょう。逆に前衛は前に落として、チャンスボールを上げさせるようにします。

対ダブルフォワードの攻め方

■センターを攻める

基本的な配球としては、センターに来たボールは、センターへ。相手に時間的な余裕を与えないためにも、飛距離の短いセンターから、相手ペアのウィークポイントを探っていきます。その際、さらにコースをねらえるのならば、相手のバック側へ打てるといいでしょう。

■サイドを攻める

相手ボレーが両サイドに来たときには、サイドへ攻めます。相手に低い打点でボレーを打たせるように足元に厳しいショットを打つようにすれば、逆にチャンスがやってきます。両プレーヤーとも次の返球に備えてボレーを打つプレーヤーのコースを予測し、体勢を整えましょう。

■ロビングで攻める

ダブルフォワードに対しては、いかにチャンスボールを上げないか、いかに足元に低くショットをコントロールできるかが重要になりますが、同時に相手が簡単にスマッシュできないような高く深いロブも効果があります。特にライトなどが目に入ったり、距離感がつかみにくいインドアでは効果的。同じ場所に上げるのではなく、コースをずらしながら使えるといいでしょう。

応用練習

後衛の攻撃力、配球を鍛える

Menu 054　前衛2人対後衛1人のボレーvsストローク

難易度 ★★★★☆
時間 10分交代

習得できる技能
▶ 基礎固め
▶ 攻撃力(スピード養成)
▶ 攻撃力(コントロール)
▶ 攻撃力(リズム・タイミング)
▶ 防御(力)
▶ 戦術(セオリー)
▶ 発想力

やり方

ネットプレーヤー2人に対して、後衛はベースライン上に立ち、前衛2人対後衛1人で打ち合う。後衛はロブではなく、できるだけシュートボールでラリーを行うこと。

なぜ必要？

ストロークで攻める

後衛を鍛えるための練習。2人で守る前衛に対して、いかにオープンコートを見つけるか。普通に打つだけでは前衛につかまるので、配球を工夫することやスピードを上げるなど攻撃的なショットを打ち、ネットについた2人に攻撃的なボールを打たせないようにしましょう。また、後衛でもネットに詰めていく場面もあり、その展開までを見据えて練習します。

ポイント

ベースラインの内側でプレーする

ストローク側はベースラインより後ろでラリーをすると、動かされる距離が長くなり、苦しくなるので、ベースライン内側で、ライジングでボールをとらえてラリーをしましょう。また、ネットについた2人に攻撃的なボレーを打たせないように、ネットより下で打たせるような沈むボールを打つことを心がけます。配球としては両サイドを使うだけでなく、サイドへ打ったあとにセンターへ打つなど配球でオープンスペースをつくります。ベースラインの内側でラリーを続け、甘いチャンスボールがきたら、前に詰めていきましょう。

ベースラインの内側でラリーする

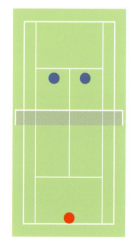

■配球で崩す

相手サイドのアレーをねらう

センターをねらう

相手のサイド側はねらうのは、角度をつけて返球する必要があります。両サイドへ攻めて、相手のミスを誘う、またはそこから相手の陣形にオープンエリアを作っていきましょう。

センターはダブルスの基本コース。沈んだボールが打てれば相手にとっても角度をつけるのが難しく、アウトするリスクも少ない。まずはここへ攻めてオープンコートをつくったり相手の苦手なところを探りましょう。

■スピードで崩す

ベースラインの内側でラリーし、相手にローボレーを打たせるような厳しいボールを打てれば、相手ボレーが甘く返ってくることも多い。短く、緩いボールがきたら、動きのスピードを上げ、前へ詰めていきましょう。

応用練習

前衛の配球、攻撃力を鍛える

ねらい

Menu **055** 後衛2人対前衛1人のストロークvsボレー

難易度	★★★★☆
時間	10分交代

習得できる技能
- 基礎固め
- 攻撃力（スピード養成）
- 攻撃力（コントロール）
- 攻撃力（リズム・タイミング）
- 前衛（力）
- 戦術（セオリー）
- 発想力

やり方

ベースライン2人に対し、前衛はサービスライン上に立ち、後衛2人対前衛1人で打ち合う。

❓ なぜ必要？

展開で相手を崩す

前衛を鍛えるための練習。2人で守る後衛に対して、いかにオープンコートを見つけるか。1球で仕留めるのではなく、打ったあとに次にどこをねらうかなどまで考えて展開しましょう。

❗ ポイント

自分の打球によって次の返球を予測し、動く

自分の打球によって相手からの返球を予測し、次の準備をします。また、両サイドだけではなく、センターをうまく使うことも必要。配球でオープンスペースをつくっていこう。

第6章

実戦練習

試合が近くなったら、実戦を想定した練習を多く行います。実際に試合でよくある場面、またレシーブからの攻撃パターンなど頭の中で試合をイメージして練習することでペアの得点能力、コンビネーションを高めましょう。また、プレーできる陣形を増やすことで、対戦相手への対応能力を高めることもできます。

オールラウンドプレー

ベースラインからネットへ詰める

ねらい

難易度 ★★★★☆
時間 10分

習得できる技能
▶ 基礎固め
▶ 攻撃力（スピード養成）
▶ 攻撃力（コントロール）
▶ 攻撃力（リズム・タイミング）
▶ 前衛（力）
▶ 戦術（セオリー）
▶ 発想力

Menu 056 ストローク&ネット

やり方

Menu015と同様に、フィーダーはクロスのベースラインから球出し。①ベースライン深く（大）、②サービスライン前に短いボール（小）、③サービスラインとベースラインの中間くらいのボール（中）、④ベースライン深く（大）の順で球出しし、練習者はそれを前後に動きながら返球するが、グラウンドストロークだけで返球するのではなく、②を前に詰めながらのボレー、③をノーバウンドで、④をスマッシュで返球する。

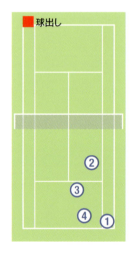

■ 球出し

？ なぜ必要？

ストロークとネットプレーを総合的に

実戦でもレベルアップしてくるにつれ、後衛もグラウンドストロークだけでなく、ネットプレーが必要になってきます。ボールを落とさずに打つことで、相手に時間を与えず攻撃的なプレーが可能になります。

！ ポイント ショートボールをとったあと体勢を整える

ショートボールをとったあと、体勢をしっかり立て直してローボレーに備えることが大切です。実戦ではこのあと相手は攻めのショットを打ってくることが多いので、体勢が崩れたままでは次のショットに対応しづらくなってしまいます。スプリットステップをして、厳しい返球に備えましょう。

①ベースラインの後方で打ったあと、②サービスラインへ詰める

②短いボールを打ったあと、スプリットステップをして ③ボレーに備える

③ボレーを打ったあと、相手のロブに対して ④スマッシュに備える

❓ なぜ必要?

ダブルフォワードになったあと、ロブに対して対応する

ベースラインから前に攻めてダブルフォワードの陣形になるケースでは、相手はロブで上を抜こうとすることも多く、ローボレーのあとにスマッシュという展開もよく見られます。素早くボールの下に入っていくためにクロスステップを使って、ボールの落下点に入りましょう。

オールラウンドプレー
ベースラインからネットへ詰める

レシーブからの攻撃パターン
レシーブは9パターンのコースから攻撃を展開していく

　ソフトテニスはボールの特質（テニスよりも軟らかい）やルール（トスの上げ直しができない）により、サーブ側が圧倒的に有利というわけではありません。特に、セカンドサーブになった場合は、相手がサービスエリアに入れてくるため、レシーブ側の方が有利になります。つまり、レシーブ側は自分たちから攻めのパターンをつくることが可能となります。

　文大杉並高校では、クロス、逆クロスの各サイドともレシーブのコースは9コースを想定。ここから前衛の攻撃も加味して攻めのパターンをつくっていきます。

　まずは、レシーブでの9コースを確認していきましょう。

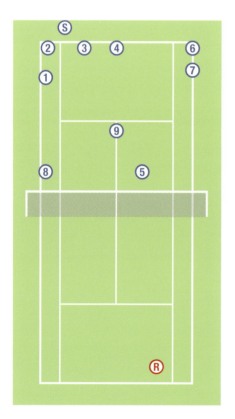
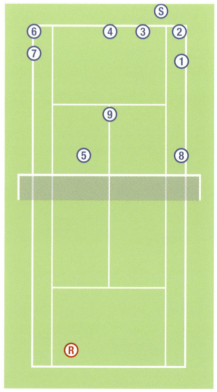

前衛をつけて
レシーブゲームの練習を行う

　レシーブの攻撃パターンをより実戦的に練習するためには、前衛をつけて、その前衛もレシーブコースによって攻めのポジションをとっていく必要があります。文大杉並高校では、ネットに3色のテープを貼り、「レシーブをこのコースに入れたら、前衛はこの色のテープの位置に動く」など動き方を決めて、まずは各コースでの攻撃の仕方を学んでいきます。

戦術強化

ポイントパターンをつくる

Menu **057** ①番レシーブからの攻撃パターン

難易度	★★★☆☆
時間	各コース5分

習得できる技能
- ▶ 基礎固め
- ▶ 攻撃力（スピード養成）
- ▶ 攻撃力（コントロール）
- ▶ 攻撃力（リズム・タイミング）
- ▶ 前衛（力）
- ▶ 戦術（セオリー）
- ▶ 発想力

やり方

サービス側はセカンドサービスを打ち、レシーブは①番のコース（ショートクロス）にレシーブ。そこからポイント形式でラリーを行う。

ポイント　まずはサイドをケア

前衛はまずは赤テープに入って、そこからさらにサイドをケアし、ディフェンスします。もし、相手がクロス方向に返球すると読んだら、このコースを閉じたあとに、次に青テープと黄色テープの間まで動いてポーチをねらいましょう。

相手が①から打てるコースを考える

相手が①の位置から打てるコースを考えると、まずリスクが高いのがストレート。前衛はまずはこのコースをつぶすポジショニングを取りましょう。

戦術強化

ポイントパターンをつくる

Menu **058** 前衛の①番レシーブからの攻撃パターン

難易度 ★★★☆☆
時　間　各コース5分

習得できる技能
▶ 基礎固め
▶ 攻撃力(スピード重視)
▶ 攻撃力(コントロール)
▶ 攻撃力(リズム・タイミング)
▶ 守備（つなぎ）
▶ 守備（粘り強さ）
▶ 発想力

やり方

前衛レシーブで、サービス側はセカンドサービスを打ち、レシーブは①番のコース（ショートクロス）にレシーブ。そこからポイント形式でラリーを行う。

⚠ ポイント　前衛は詰めてセンターへ

前衛がレシーバーとなる逆クロスでは、前衛はレシーブしたあと斜め前へ詰めます。①番レシーブのあと、相手がバックで踏み込んで打ってくるような

ら引っ張りコースに打ちやすい（写真のケースはフォアで流し）。後衛はオープンコートをケアして動きます。

戦術強化

ポイントパターンをつくる

Menu **059** ②番レシーブからの攻撃パターン

難易度 ★★★☆☆
時間 各コース5分

習得できる技能
▶ 基礎固め
▶ 攻撃力（スピード養成）
▶ 攻撃力（コントロール）
▶ 攻撃力（リズム・タイミング）
▶ 前衛（力）
▶ 戦術（セオリー）
▶ 発想力

やり方

サービス側はセカンドサービスを打ち、レシーブは②番のコース（クロス深く）にレシーブ。そこからポイント形式でラリーを行う。

ポイント

積極的にポーチへ

前衛は赤テープと青テープの間から青テープへ。相手のクロスへの返球をポーチに。

相手が②から打てるコースを考える
相手が②の深いエリアから打てるコースを考えると、ストレートのサイドぎりぎりは考えにくい。ここはセンターからクロスと考えるのがオーソドックスな考え方。ゆえに前衛は青テープに入り、ポーチをねらっていい。

②番レシーブからの攻撃パターンその2

> **ポイント** 前衛は相手後衛を見てコースを予測

クロスの深いエリアから相手が打ちやすいのはセンターやクロスだが、もちろんストレートへ打ってくることもある。前衛は赤テープと青テープの間に立ち、相手のスタンスと打点を見て、打球のコースを予測。ストレートに打つと判断したら、赤テープからストレートのコースに対応する。

CHECK!
相手のコースを読んでボレー、スマッシュをする前衛練習はP74〜76へ

相手後衛のスタンス、打点を見てコースを読む
前衛は相手後衛のスタンスや打点をよく観察しながら打球コースを予測することが大切。また、レベルアップしてくると、相手もそれをわかった上でさらに打球コースを読ませないようにスタンスや打点を変えてくることも。最終的には、これが前衛と後衛の駆け引きになります。

戦術強化

ポイントパターンを
つくる

ねらい

Menu 060 前衛の②番レシーブからの攻撃パターン

難易度 ★★★☆☆
時間 各コース5分

習得できる技能
▶ 基礎固め
▶ 攻撃力（スピード養成）
▶ 攻撃力（コントロール）
▶ 攻撃力（リズム・タイミング）
▶ 前衛（力）
▶ 戦略（セオリー）
▶ 発想力

やり方

前衛レシーブで、サービス側はセカンドサービスを打ち、レシーブは②番のコース（ショートクロス）にレシーブ。そこからポイント形式でラリーを行う。

！ポイント　相手コースが甘くなることが多い

逆クロス側の深い②番レシーブの位置からは相手がバックでとらえるにしろ、フォアで回り込むにしろ、厳しい返球がこないことを予想し、前衛であるレシーバーはセンターラインあたりへ詰めたあと、さらにポーチをねらいに詰めていきます。

> このポジションからは相手は厳しいボールを打ちにくいことを予測し、前衛は積極的なポジションを取ります。

戦術強化

ねらい ポイントパターンをつくる

Menu **061** ③番レシーブからの攻撃パターン

難易度 ★★★☆☆
回数 各コース5分

習得できる技能
▶ 基礎固め
▶ 攻撃力(スピード偏重)
▶ 攻撃力(タイミングの速さ)
▶ 攻撃力(システムの使い)
▶ 調整(力)
▶ 継続(スタミナ)
▶ 発想力

やり方

サービス側はセカンドサービスを打ち、レシーブは③番のコース（相手の左足あたり）にレシーブ。そこからポイント形式でラリーを行う。

ポイント

センターへポーチに出る

前衛は左足を青テープのポジションに置いた位置からスタートし、相手の返球をポーチにいきましょう。

STEP 2　駆け引きを考える

試合前半に、③番レシーブからポーチという攻撃を仕掛けておくと、試合後半には相手はクロスに打つのはリスクが高いと判断し、サイドを抜きにいくことになります。前衛はそうした試合の流れも考え、後半には青テープのポジションからサイドをケア。レシーブのコース打ち分けと前衛の動きによって試合の前半で布石を打って、駆け引きを行っていきましょう。

◀◀◀

STEP 1　相手が③番から打つ定番コースを考える

**1歩分の立ち位置の違いで
相手に与えるプレッシャーの大きさが変わる**

青テープの位置を目印に立つといっても、右足を青テープの位置に置くか、左足を青テープの位置に置くかで、相手後衛に与えるプレッシャーはまったく違ってきます。左足を青テープに置いた場合、体ひとつ分センター寄りに立つことになり、相手は非常にクロスボールが打ちにくく感じるでしょう。相手はこの位置からはストレートもねらいにくいため、味方のレシーブがセンターに入ったときは、少しセンター寄りにポジショニングして、相手後衛へプレッシャーをかけていきましょう。

戦術強化

ポイントパターンをつくる

Menu 062　前衛の③番レシーブからの攻撃パターン

難易度 ★★★☆☆
時間 各コース5分

習得できる技能
▶ 基礎固め
▶ 攻撃力（スピード養成）
▶ 攻撃力（コントロール）
▶ 攻撃力（リズム・タイミング）
▶ 前衛（力）
▶ 戦術（セオリー）
▶ 発想力

やり方

前衛レシーブで、サービス側はセカンドサービスを打ち、レシーブは③番のコース（ショートクロス）にレシーブ。そこからポイント形式でラリーを行う。

ポイント　前衛はサイドをケア

3番レシーブの位置は、相手にとってはフォアで対応できるコース。深い位置から流しコースに打ちやすいため、前衛はレシーブを打ったあとサイドをケアするようにポジショニングします。

> **相手後衛の打ちやすいコースを考える**
> センターの深い位置からは相手後衛は流しコースに打ちやすい。前衛はまずはサイドをケア。

前衛の③番レシーブからの攻撃パターンその2

> **ポイント** 相手返球がセンターまたは引っ張りコースならポーチへ

逆クロスの③番レシーブを打った場合、相手後衛のポジションから打ちやすいのはセンターから逆クロス。このコースを考えた場合、まずは前衛は、パートナーである後衛がカバーできない自分のサイドをまずはケアするのが第一選択肢ですが、相手後衛を見てセンターまたは引っ張りコースを予測できたら積極的にポーチにいきましょう。

CHECK!
相手のコースを読んでボレー、スマッシュをする前衛練習は P74～76、P80～81へ

相手後衛のスタンス、打点を見てコースを読む
前衛は相手後衛のスタンスや打点をよく観察しながら打球コースを予測することが大切。また、レベルアップしてくると、相手もそれをわかった上でさらに打球コースを読ませないようにスタンスや打点を変えてくることも。最終的には、これが前衛と後衛の駆け引きになります。

戦術強化

ポイントパターンをつくる

ねらい

Menu 063 ④番レシーブからの攻撃パターン

難易度 ★★★☆☆
時間 各コース5分

習得できる技能
- ▶ 基礎固め
- ▶ 攻撃力（スピード養成）
- ▶ 攻撃力（コントロール）
- ▶ 攻撃力（リズム・タイミング）
- ▶ 前衛（力）
- ▶ 戦術（セオリー）
- ▶ 発想力

やり方

サービス側はセカンドサービスを打ち、レシーブは④番のコース（センター）にレシーブ。できれば相手にバックでとらせ、そこからポイント形式でラリーを行う。

ポイント　相手のポジションからコースを読む

青テープよりも内側にポジションをとり、味方後衛のボールが浅めであれば、相手が回り込んでクロスに引っ張ることが多いので、逆サイドへ走り込んでポーチをねらいに。逆に、味方後衛のボールが深いとき、相手は逆クロスに打ちやすいので、ストレートを張ります。また、味方後衛の打球が十分に深いときは、相手はロビングを打つケースも多いので、相手の体勢を見て、やや後ろへ下がりスマッシュを打つ準備をしましょう。

CHECK!
ボールが浅いときは引っ張りコースに打ちやすい→ P110へ
ボールが深いときは逆クロスに打ちやすい→ P110へ

◀◀◀

相手後衛の打ちやすいコースを考える
味方後衛が深いボールを打った、このケースでは相手は厳しい引っ張りコースには打ちにくい。センターから流しコースを予測する中でボレーに出ます

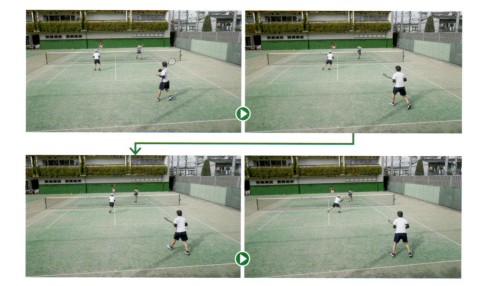

④番レシーブからの攻撃パターンその2

> ⚠️ **ポイント**
> ### 前衛は相手後衛を見てコースを予測

味方後衛のボールが浅く、相手が回り込んで十分な体勢で打つ場合も相手後衛は引っ張りコースに打ちやすいが、相手後衛がバックハンドでやっと対応するときにもバックでの流しコース（※フォアでの引っ張りと同じコース）になります。相手がバックでの返球を強いられた場合は、より緩いボールが返ってくることが予測され、積極的にポーチにいくべきでしょう。

> **相手後衛のポジション、体勢からコースを予測する**
> 相手がバックハンドでやっと返球するこの体勢からは、バックの流しコースを予測できます。前衛は積極的にネットへ詰め、ポーチをねらっていきましょう

戦術強化

ねらい ポイントパターンをつくる

Menu 064 前衛の④番レシーブからの攻撃パターン

難易度 ★★★☆☆
時間 各コース5分

習得できる技能
▶ 基礎固め
▶ 攻撃力(スピード/緩急)
▶ 攻撃力(コントロール)
▶ 攻撃力(リズム・タイミング)
▶ 前衛(力)
▶ 観察(セオリー)
▶ 発想力

やり方

前衛レシーブで、サービス側はセカンドサービスを打ち、レシーブは④番のコース（センター）にレシーブ。そこからポイント形式でラリーを行う。

ポイント

サイドをケアしながらポーチへ

④番レシーブのコースも③番レシーブと同じく相手は流しコースに打ちやすいが、角度的にサイドアウトしやすくもあり、相手はそのリスクを考えて引っ張りコースに打ってくることも多い。レシーバーである前衛は、レシーブ後にサイドを守るフェイントを入れて一気にポーチをねらいにいってもいいでしょう。

相手の打ちやすいコースを考える

流しコースに打ちやすいが、センターから引っ張りコースもあり得る。引っ張りコースはパートナーの後衛に任せて、まずは自分のサイドをケアしながらセンターと判断した場合は積極的にポーチへ

戦術強化

ポイントパターンをつくる（ねらい）

Menu 065 ⑤番レシーブからの攻撃パターンを強化する

難易度 ★★★☆☆
時間 各コース5分

習得できる技能
▶ 基礎固め
▶ スピード
▶ 攻撃力（コントロール）
▶ 変化力（スピン）
▶ 判断力
▶ 発想力

やり方

サービス側はセカンドサービスを打ち、レシーブは⑤番のコース（相手前衛）にアタック。そこからポイント形式でラリーを行う。

⚠ ポイント

高い打点から攻める

高い打点から、強気で攻めていきましょう。相手前衛にボレーされる場合もあるので、打ったあとにしっかりフォローする準備を整えておきましょう。レシーブから攻めのショットが打てたら、そのショットで決まらなくても、二次攻撃、三次攻撃でポイントを決めにいきましょう。

前衛はフォローを意識
相手前衛のボレーに対して、フォローしてポイントができるようにしっかり準備しておくこと。そのためには、相手のラケット面をよく見て、どこへ返球されるかを予測することが大切です。

❓ なぜ必要？

相手前衛のディフェンスが弱いときには⑤番レシーブで攻める

相手前衛が速い打球に対して弱点があるなどディフェンスが弱い場合は、セカンドレシーブで積極的に⑤番のコースへ攻めていきましょう。

戦術強化

ポイントパターンをつくる

Menu 066 前衛の⑤番レシーブからの攻撃パターン

難易度 ★★★☆☆
時間 各コース5分

習得できる技能
▶ 基礎固め
▶ 攻撃力（スピード養成）
▶ 攻撃力（コントロール）
▶ 攻撃力（リズム・タイミング）
▶ 前衛（力）
▶ 戦術（セオリー）
▶ 発想力

やり方

前衛レシーブで、サービス側はセカンドサービスを打ち、レシーブは⑤番のコース（前衛アタック）にレシーブ。そこからポイント形式でラリーを行う。

! ポイント

フォローまでを考えて準備する

レシーバーが前衛アタックをすることは少ないが、相手前衛のディフェンスが弱い場合は、ねらっていってもいい。そのあとのフォローを意識すること。

後衛はフォローできるポジションに
前衛レシーブで前衛アタックのコースに打つ場合、パートナーの後衛は前に詰めてフォローを意識しておくこと。このコースへ打つ場合は、レシーブ前にしっかり伝えておくことが必要です

戦術強化

ポイントパターンをつくる

Menu 067 ⑥番レシーブからの攻撃パターン

難易度 ★★★☆☆
時間 各コース5分

習得できる技能
▶ 基礎固め
▶ 攻撃力（コントロール）
▶ 発想力

やり方
サービス側はセカンドサービスを打ち、レシーブは⑥番のコース（相手前衛のサイドを抜く）にレシーブ。そこからポイント形式でラリーを行う。

> **！ポイント　相手のワイドのサービスに対して攻める**
>
> レシーブのコースは相手のサービスのコースによるところが大きく、⑥番レシーブは相手サービスがワイドに入ってきたときに打ちやすくなるコースです。ストレートのアレーにしっかりコントロールしていきましょう。このコースをねらっていたとしても、相手サービスがセンターに入ってきたら、ロビングに切り替えます。

前衛はフォローを意識
このコースでも相手前衛がサイドに反応してボレーで返球してくることが考えられるので、前衛はフォローの準備しておくこと。相手のラケット面をよく見て、コースを予測するなど先を読んでおきましょう。

141

戦術強化

ポイントパターンをつくる

Menu 068 前衛の⑥番レシーブからの攻撃パターン

難易度 ★★★☆☆
時間 各コース5分

習得できる技能
▶ 基礎固め
▶ 攻撃力（スピード強化）
▶ 攻撃力（コントロール）
▶ 攻撃力（リズム・タイミング）
▶ 前衛（力）
▶ 戦術（セオリー）
▶ 発想力

やり方

前衛レシーブで、サービス側はセカンドサービスを打ち、レシーブは⑥番のコース（相手前衛のサイドを抜く）にレシーブ。そこからポイント形式でラリーを行う。

ポイント 相手のワイドのサービスに対して

相手サービスがワイドにきたときに打ちやすくなるコースです。フォアに余裕を持って回り込めた場合には、このコースに積極的に攻めていきましょう。

この⑥番レシーブを打ったあと、相手がロビングでつないでくるようであれば、スマッシュで決めにいきましょう。

センター寄りのポジションでフォロー準備
レシーバーのパートナーである後衛は、ややセンター寄りにポジショニング。レシーブが相手前衛にボレーで止められたとしてもクロスへ角度をつけるのは難しいため、センター付近へのボレーが多くなるためです。このポジションでフォローの準備をしておきましょう。

戦術強化

ポイントパターンをつくる

ねらい

Menu **069** ⑦番レシーブからの攻撃パターン

難易度 ★★★☆☆
時間 各コース5分

習得できる技能
▶ 基礎固め
▶ 攻撃力（コントロール）
▶ 発想力

やり方

サービス側はセカンドサービスを打ち、レシーブは⑦番のコース（ストレートにロビング）にレシーブし、相手後衛を逆サイドに走らせる。そこからポイント形式でラリーを行う。

ポイント

相手が劣勢なら前衛はスマッシュの準備へ

相手を走らせてバックでとらせた場合は、相手からもロビングが上がってくることが多い。相手の体勢を見て、前衛はスマッシュの準備に入ります。

相手後衛の体勢を見て、前衛はさらに攻める

相手後衛のポジショニングや体勢、さらにフォアで返球するのかバックで返球するのかを前衛は見極めます。センターへ詰めたあと、相手がロビングで返球すると判断したら、スマッシュの体勢へ。

143

戦術強化
ポイントパターンをつくる

⑦番レシーブからの攻撃パターンその2

> **ポイント** 相手の体勢、打点を見てポーチをねらいにいく

味方後衛の⑦番レシーブ（ストレートへのロブ）のあと、相手が前衛にとられるのを避けるためにストレートサイドに打ってくる場合は、より積極的に逆サイドへ詰め、ポーチをねらいにいってもいいでしょう。特に相手がバックハンドでストレートに打ってくる場合は、余裕がなく振り遅れていることが多いため、それほど強力なストロークが返ってくるわけではないので前衛は攻めのポジショニングを取れます。逆に相手がフォアハンドに回り込んで引っ張りでストレートに打ってくる場合は強力なショットが返ってくるので、相手の体勢をしっかり見極めておくことが大切です。

■ 駆け引きを考える

レシーブコースごとの相手のプレーやミスを記憶しておくことも、次のプレーに生かす駆け引きにもなる。例えば、⑦番レシーブ後に相手がバックハンドで、引っ張りコースに打ってミスをしたとしたら、次に⑦番レシーブへ打ったときには相手は引っ張りコースには打ちにくい。おそらく流しコースに打ってくるはずです。前衛はその相手の心理を考えた場合、より大胆にストレート側を張り、ポーチに出ることが可能になります。

> **相手の体勢、打点を見てコースを読む**
> 前衛は相手後衛の体勢や打点を見て、この場合はストレートを予測し、逆サイドへ積極的に詰めていきます。

戦術強化

ポイントパターンを
つくる

Menu 070 前衛の⑦番レシーブからの攻撃パターン

難易度 ★★★☆☆
時　間　各コース5分

習得できる技能
▶ 基礎固め
▶ 攻撃力（スピード重視）
▶ 攻撃力（コントロール）
▶ 攻撃力（リズム・タイミング）
▶ 守備（体力）
▶ 守備（セオリー）
▶ 発想力

やり方

前衛レシーブで、サービス側はセカンドサービスを打ち、レシーブは⑦番のコース（左ストレートのロブ）にレシーブ。そこからポイント形式でラリーを行う。

⚠ ポイント　次の相手返球にしっかり準備する

⑦番レシーブは相手を動かす配球になりますが、相手にとってはフォアハンドで返球できるため、いいコースに入ったとしても次の返球に備えてしっかりディフェンスを固めることが大切です。

相手のフォアハンドの強打に備える
いいコースに配球できても、相手のスピードによってはカウンターのリスクも。前衛、後衛ともしっかりディフェンスの備えをしておくと同時に、ロビングがきそうな場合はスマッシュの準備もしておきましょう。

戦術強化

ねらい ポイントパターンをつくる

Menu 071 ⑧番レシーブからの攻撃パターン

難易度 ★★★☆☆
時間 各コース5分

習得できる技能
▶ 基礎固め
▶ 攻撃力（スピード養成）
▶ 攻撃力（コントロール）
▶ 攻撃力（リズム・タイミング）
▶ 判断（力）
▶ 戦術（セオリー）
▶ 発想力

やり方

サービス側はセカンドサービスを打ち、レシーブは⑧番のコース（クロスのネット際）にレシーブ。そこからポイント形式でラリーを行う。

ポイント

中間ポジションで次の返球に備える

相手がやっと取ったボールはチャンスボールが上がってくる可能性が高い。前に詰めすぎるのではなく、前衛、後衛ともに中間ポジションをとって上がってくるボールに備えます。

■ カットレシーブで相手を前後に揺さぶる

このコースに打つためには、アンダーカットで打つ必要があります。短いショットで相手を前に走らせれば、次にチャンスボールが上がってくる可能性は高い。相手にとっては最初から短いボールがくるとわかっていれば前方をケアするので、深いショットとのコンビネーションで使うと、より効果的です。

戦術強化

ポイントパターンをつくる

Menu 072 前衛の⑧番レシーブからの攻撃パターン

難易度 ★★★☆☆
時間 各コース5分

習得できる技能
- ▶ 基礎固め
- ▶ 攻撃力(スピード強化)
- ▶ 攻撃力(コントロール)
- ▶ 攻撃力(リズム・タイミング)
- ▶ 判断力
- ▶ 戦術(セオリー)
- ▶ 発想力

やり方

前衛レシーブで、サービス側はセカンドサービスを打ち、レシーブは⑧番のコース(逆クロスのネット際)にレシーブ。そこからポイント形式でラリーを行う。

ポイント

相手返球を前衛は前へ詰めて決めにいく

カットレシーブで相手をネット際に走らせ、上がってきたチャンスボールをレシーバーである前衛は自分で決めにいく。後衛側はオープンコートをカバーします。

チャンスボールを決められるポジションを取る

うまく相手の体勢を崩せた場合、チャンスボールが上がってくる可能性が高い。相手の体勢を見極めて、前衛はチャンスボールを決められるポジショニングを。また、後衛はオープンコートをカバー。

戦術強化

ポイントパターンを つくる

Menu 073　⑨番レシーブからの攻撃パターン

難易度 ★★★☆☆
時間　各コース5分

習得できる技能
▶ 基礎固め
▶ 攻撃力(スピード養成)
▶ 攻撃力(コントロール)
▶ 攻撃力(リズム・タイミング)
▶ 前衛(力)
▶ 戦術(セオリー)
▶ 発想力

やり方

サービス側はセカンドサービスを打ち、レシーブは⑨番のコース（センターのサービスラインより前）にレシーブ。そこからポイント形式でラリーを行う。

ポイント

前に苦手意識があるペアに特に効果的

相手がやっと返球するという展開が考えられるため、上がってきたボールをどちらかのプレーヤーにぶつけにいくようなイメージで打ちます。相手はダブル後衛でネット前でのプレーに苦手意識を持っている場合などは、特に決まりやすいパターンです。

■ ショートボールをセンターに入れる有効性とは？

⑨番のレシーブコースは、相手がダブル後衛のときに有効。短く打つことで相手を引き出すことが可能で、なおかつセンターにコントロールすることでどちらが取るか迷わせるメリットもあります。

148

戦術強化

ねらい ポイントパターンをつくる

Menu 074　前衛の⑨番レシーブからの攻撃パターン

難易度 ★★★☆☆
時間　各コース5分

習得できる技能
▶ 基礎固め
▶ 攻撃力(スピード系)
▶ 攻撃力(コントロール)
▶ 攻撃力(バリエーション)
▶ 前衛(力)
▶ 前衛(テクニック)
▶ 発想力

やり方

前衛レシーブで、サービス側はセカンドサービスを打ち、レシーブは⑨番のコース（逆クロスのセンターに短く落とす）にレシーブ。そこからポイント形式でラリーを行う。

ポイント

相手ペアにどちらが返球するか迷わせるオープンコートをつくる効果も

このコースも、クロス展開と同様に、相手ペアのどちらが返球するか迷うコース。特にネットに出たくないダブル後衛のペアに有効だ。相手ペアをセンターへ寄せ、上がってきたチャンスボールをオープンコートに決めていきましょう。

> **ダブル後衛ペアに対してどう攻めるか**
> レシーブを短く落として前に出させる、また相手をセンターに寄せておいて次の返球をサイドに角度をつけて決めるなど配球パターンを考えましょう。

戦術強化
ポイントパターンをつくる

ポイントごとにコンビネーションでパターンを組み立て、それぞれのパターンを試合の駆け引きの中で使い分ける

レシーブからの攻撃パターンでは、後衛と前衛でポイント前に「レシーブを○番に打つ」と声を掛け合い、ポジショニングを決めたり、ポーチでポイントを取りに行くなど2人のコンビネーションでポイントを獲得する確率を高めます。

また、これをポイントごとに使うだけではなく、試合全体の駆け引きの一環として利用することもできるのも注目すべきところでしょう。例えば、試合序盤はレシーブコースによっての相手の返球の傾向（このコースではクロスが多い、このコースではロビングが多いなど）について情報収集し、試合の後半で前衛はその返球コースに攻撃をしかけていくことも可能です。そのためにも、序盤からレシーブではさまざまなコースに打っておくことが必要になるので、それぞれのコースに打てる技術力も高めておきましょう。

レシーブ強化

レシーブを強化する

ねらい

Menu **075** 移動ネットを使った
レシーブ練習

難易度 ★★★☆☆
時間 15分

習得できる技能
▶ 基礎固め
▶ 攻撃力（スピード風味）
▶ 攻撃力（コントロール）
▶ 攻撃力（リズム・タイミング）
▶ 戦術（力）
▶ 戦術（セオリー）
▶ 発想力

やり方

相手前衛の位置に移動ネットを置き、レシーブを①〜⑨の各コースに打ち分ける。

なぜ必要？

戦術を生かすためにもコースを打ち分ける

戦術を強化するためには、まずはレシーブを各コースに甘くならないように打ち分けられる必要があります。このメニューではレシーブを集中的に練習します。

ポイント

厳しいコースをねらう

ストレート方向には④、⑤、⑥、⑦を打ち分けます。クロス方向に移動ネットを置ける場合には、①、②、③、④、⑨も同じように打ち分けましょう。基本練習ですが、厳しいコースに、攻撃的に打つことが大切です。

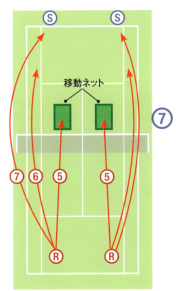
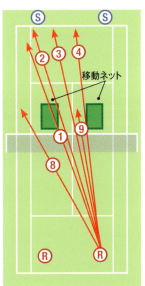

151

戦術強化

ねらい 多彩にプレーする

Menu 076 ダブルフォワード同士のゲーム形式練習

難易度 ★★★★☆
時間 20分

習得できる技能
▶ 基礎固め
▶ 攻撃力（スピード養成）
▶ 攻撃力（コントロール）
▶ 攻撃力（リズム・タイミング）
▶ 前衛（力）
▶ 戦術（セオリー）
▶ 発想力

やり方

2ペアでファイナルゲームのゲーム練習を行うが、どちらのペアもダブルフォワードでプレーする。サーバー側は、サーブを打ったあとにサービスライン上くらいまで詰め、レシーバーも前に詰めてプレー。ボレーボレーの応酬でポイントを争う。

ポイント
相手の攻めどころを考える

雁行陣とダブルフォワードでは攻めどころが変わってきます。特にゲーム形式のため、どこを攻めるべきかをポイントごとに考えながらプレーしましょう。

なぜ必要？
実戦を想定

ダブルフォワードの相手と戦うためのダブルフォワード対策としてだけでなく、雁行陣でプレーするペアにとっても後衛が短いボールで前に出されたりしたときなど一時的にダブルフォワードとしてプレーしなくてはいけない状況は多いものです。ペアが2人とも前にいる状況でロブが上がったとき、どちらの選手が対応するかなど実戦的にコンビネーションを磨くことにもつながる練習です。

ダブルフォワードでプレーする

■ パターン1　後衛レシーブからダブルでフォワードへ

ラリーの中で相手のショットが短くなり、ダブルフォワードになることもあるが、ここではあえてレシーブ後にすぐにダブルフォワードになることを考えながらプレーします。まずは相手ペアの間であるセンター、そしてバックハンドで打たせるような配球からオープンコートを見つけていきましょう。特に、レシーブ後に前へ詰めていくため、まずは詰めていく後衛側に厳しい返球をされないようなコースを考えてレシーブすることが大切になります。

戦術強化
多彩にプレーする

実戦編

⑦番レシーブからのダブルフォワードの有効性
このパターンはシングルスでも大きな得点源に

　ダブルフォワードのレシーブではセンターがセオリーですが、⑦番レシーブからの展開はもっとも決まりやすく、得点源になりやすい。この後衛が前に出てダブルフォワードとなり相手からの返球をスマッシュでオープンスペースとなったクロスに決めるという攻撃パターンも十分に練習しておきたいパターンです。

ポイント

アレーに速いレシーブを打つ

レシーブが甘いとフォアに回り込まれて強打されるリスクがありますので、レシーブはアレーコートに、速いレシーブを打つことがこのパターンを成功させるポイントです。

■シングルスでの
⑦番レシーブからの展開

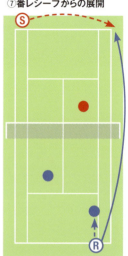

154

> 実戦編

シングルスで⑤番レシーブがなぜ有効か

ダブルスで⑦番レシーブが有効なように、シングルスでは同じような展開として⑤番レシーブを使います。フォアサイドのレシーブからストレートに攻撃していくことで、相手がやっと返したボールを前に詰めてボレーで決めていくパターンが考えられます。このコースにしっかりレシーブをコントロールできれば、相手はバックで返球せざるを得ません。特にシングルスでは回り込むと大きくオープンコートをつくることになるため、このコースはバックで返球することが多くなるのです。

! ポイント

相手の体勢を見て、返球を予測する

レシーブ後はネットへ詰めてプレーすることで、シングルスでも積極的にネットプレーでポイントをとりにいくことが可能です。その場合は、相手の体勢やラケット面を見て、返球の球種やコースを予測し、準備をすることが大切です。ひとりでコート1面を守るシングルスだけに、そうした準備や予測がより重要になってきます。

■ダブルフォワードでの
⑦番レシーブからの展開

戦術強化
多彩にプレーする

ダブルフォワードでプレーする

■ パターン2　前衛レシーブで後衛も前へ詰めておく

通常の雁行陣では、前衛レシーブの際、後衛は前衛よりやや下がった位置にポジショニングし、前衛がレシーブ後に前に詰めたあとのコートカバーを意識しますが、このパターンでは、後衛はレシーブする前衛より前、サービスライン上あたりにポジショニングします。前衛レシーブは、相手の足元に打ち、相手が下から上にスイングし、チャンスボールを上げるような展開をねらっていきましょう。

ダブルフォワードでプレーする

■ パターン3
前衛サービスから後衛も前に詰めておく

前衛のサービスでは、前衛がサービスを打ったあとに前方に詰めていくが、このとき後衛もネットに詰めておき、相手からのレシーブを速いテンポで攻めていくという攻撃パターンも練習しておきたい。サービスをコーナーに打ってレシーバーをサイドに寄せておけば、センターがオープンスペースになり、ここへ決めやすくなる。

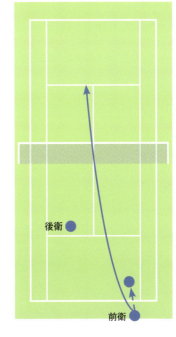

戦術強化
多彩にプレーする

ダブルフォワードでプレーする

■ パターン4
逆クロスの前衛サービスからのパターン

サービスはクロスサイド、逆クロスサイドともに行うため、当然、逆クロスサイドのサービスからダブルフォワードに移行するパターンも練習しておきましょう。サーブは、レシーバーのバック側深くにサーブを入れること。相手がバックで返球することになれば、コースが限定され、攻めやすくなります。逆に甘いコースに入ると、ネットについたパートナーへ攻めのレシーブを打たれてしまいます。

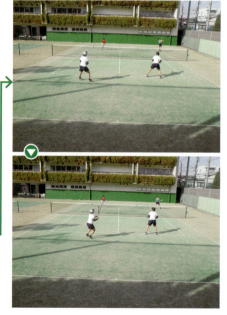

158

トレーニング的練習メニュー

試合を勝ち進んでいけば、1日で何試合もこなすことになるのがソフトテニス競技の特徴です。1試合はそれほど長くありませんが、大会で勝ち進んでいくためには体力も必要になります。文大杉並高校では、ランニングやトレーニングも行っていますが、コートでボールを打つ練習の中にもトレーニング要素が含まれるものもあります。こうしたトレーニング的な要素のあるメニューは、新入生が入ってきたばかりの春だけでなく、冬場のウォーミングアップとして行うこともあります。

Menu 077 世界1周

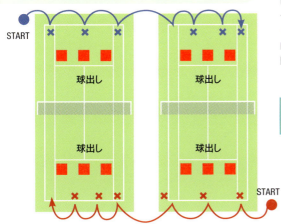

やり方
1面6箇所に球出し役がつき、2面分の計12箇所でボールを打つ。コート図のようにベースラインの右サイドからスタートし、すべての箇所で1球ずつフォアハンドに回り込んでストレート方向に打つ。1球打ったら、フットワークを使って隣へ移動し、球出し役から出されたボールを打つ。3球打ったら、隣のコートへ。

なぜ必要？
この場合は、フォアハンドの回り込みを徹底的に練習。フットワーク、フォームなどを繰り返し練習すると同時に、フォアハンドを打ち続ける体力も養いましょう。

Menu 078 2面ストローク／3面ストローク

やり方
練習者はコート図のようにコートAのネットポストの位置に立ち、ここからスタート。球出し役はコートBの練習者からもっとも遠いサイドのベースラインからストレート方向にボールを出す。球出し役からボールを出されたのを確認してから、練習者は2面分のベースラインの距離を走って、これをコートBのクロスのアレーに打ち返す。

なぜ必要？
スピードアップしたテニスを目指すためには、より早くボールの落下点に入って、ボールを打つことが必要になります。動きをスピードアップさせれば、より早くボールのバウンド位置にいけると同時に、それによって攻撃的なショットを打つことができます。スピードアップと体力を養いながら、正確なショットを打ちましょう。

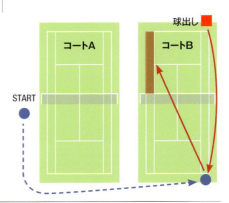

Menu 079　2面ボレー／3面ボレー

やり方

練習者はコート図のようにコートAのネットポストの位置に立ち、ここからスタート。球出し役は反対側のベースライン内側の3か所に立ちストレート方向にボールを出す。球出し役がボールを出したことを確認してから、練習者はボレーに出る。コートAで3回ボレーをしたら、そのままコートBに流れて同じように3回ボレーをする。右端まで行ったらスタートに戻る。

なぜ必要？

この場合は、ボレーを徹底的に練習。フットワーク、フォームなどを繰り返し確認すると同時に、基本的な体力も養います。

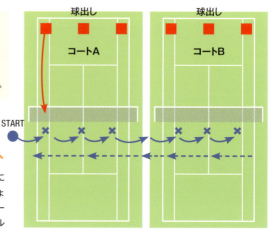

ポイント

打ったあと、すぐに次の体勢へ

ボレーを1球打ったあと、すぐに次の体勢に入れるように動きをスピードアップしましょう。この練習では、練習者がスムーズにボレーできるよう球出し役がタイミングよくボールを出すことも重要です。

ウォーミングアップ＆フットワーク練習は毎日30分

平日は放課後の午後4時半から7時45分の3時間15分の練習を行っていますが、その中でウォーミングアップとフットワーク練習に毎日30分程度を費やしています。
すぐに球を打ち始めたいというプレーヤーも多いことから、中学生やジュニアなど強いチームでもウォーミングアップに使う時間は短いと思いますが、文大杉並ではこの時間を大切にしています。フットワーク練習でもただ走るだけでなく、スピード養成のためのメニューやアジリティを高めるメニューなどマンネリにならないように様々なやり方を取り入れています。
中学時代にテクニックがあって好成績を残した選手でも、高校に入って伸び悩む選手などはやはり足腰ができていないことが多いような気がします。

1年生からしっかり足腰を鍛えることで、ミスが少なくなり、軸がしっかりしたショットを打てるようになります。

野口英一監督の 50音テニス語録

は行編

は はなしの中に宝あり

コートを離れていても、授業でも家でも、人の話を聞く機会は無数にあります。その言葉、その思いを感じ取って、自分に合った宝石を拾い上げる力。これは、テニスだけでなく人として本当に大切なことだと思います。自分から耳を傾ける姿勢で、人の話が宝になる。

ひ ひろうことにチャンスあり

ラケットに当たってボールが相手コートに入りさえすれば、向こうがミスをする可能性も生まれます。相手の立場になれば、ふわっと返ってきたボールほど、いろいろと考える間ができて、「決めなくちゃ」「ミスしたら…」などと考えて余計な力が入ってしまうもの。厳しいコースを疲れても、まずはラケットを出して、ボールに当てよう。

ふ ふたりは三人

「1+1」は、普通は2です。前衛と後衛がかみ合うと、その力が2.5や3になることがあります。心をひとつに合わることができるか、戦略、戦術を2人でしっかりと共有できるかによって、ペアの力は大きく変わります。

へ ヘッドをまわせ

リラックスして肩の力を抜き、プロネーション（回内動作）を活用してスイングしよう。思い切ったプレーで、ラケットヘッドを走らせよう！　このようなテクニック、メンタルについての一言です。ここには、もうーつの重要な教訓も含まれていて、それは頭を使えという意味合いです。弱点を攻めたり、相手のプレーの意図を察知したり、次の手を考える。後衛は全体が見えるので相手ペアの構造をつかみ、また前衛は相手の表情や仕草から心理を見極めるようにします。

ほ ボールに命を込めろ

ソフトテニス競技で日本代表のライバルは韓国です。国際大会で韓国に勝てない時期も長かったのですが、韓国選手の強さはどこにあるのか韓国の著名な指導者に聞くと「日本の選手はとても上手だが、ボールに命がこもっていない」。その欠けているものとは、「執念」と言い換えてもいいかもしれません。

サービスの種類と打ち方

[サービス]

サービスは自分から打つことのできる唯一のショットです。ソフトテニスではボールの特性もあり、サービス側が特別優位に立つということはありませんが、それでも自分から攻撃を組み立てられるという意味では重要なショットです。また、ダブルフォールトを防ぐためにセカンドサービスは入れるサービスになりがちなので、できるだけファーストサービスの確率を上げていくことも大切です。

❗ポイント　オーバーヘッドサービスではラケットは下から上へ

上から下にラケットを振るというイメージがありますが、十分にタメをつくった状態から下から上へラケットを振り出してインパクトを迎えることがスイングのポイントです。また、インパクトは高い位置でとらえること。また、安定したサービスを打つために、トスを一定に上げることも大切です。

威力とスピードのあるフラットサービス

オーバーヘッドサービスの基本となるフラットサービスは、ボールの真後ろをラケット面でフラットにたたきます。シンプルな打ち方なので、初心者はまずフラットサービスからマスターしましょう。また、回転がかかっていないので、よりスピードと威力のあるボールが打てます。ポイントは一方、回転がかかっていないのでコートに収まらないことも多いため、スライスサービスと使い分けることが必要になります。

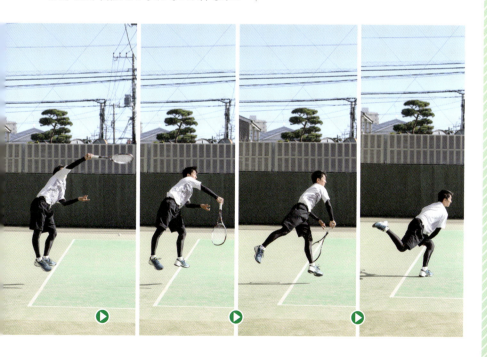

サービスの種類と打ち方

[スライスサービス]

スライスサービスはボールの右斜め上をこすって回転をかける

スライスサービスではボールに回転をかけて、サービスが入る確率を高めます。フラットサービスほどのスピードは出ませんが、サービスの確率が高まると同時に、コーナーなどコースをねらって打つと効果が高まります。手首を使いやすいセミイースタン〜イースタングリップで握り、ボールの右斜め上をこすってボールにスライス回転をかけます。

フラットサービスの打点＆フォロースルー

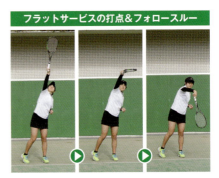

[リバースサービス]

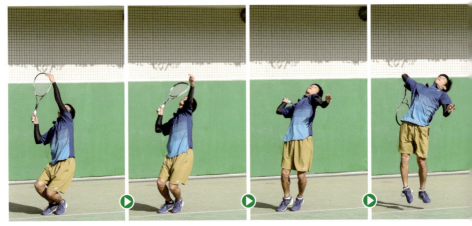

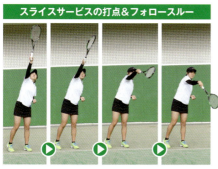

スライスサービスの打点＆フォロースルー

リバースサービスは
ボールの左斜め上をこすり、
回転をかける

スライスとは逆の回転がかかるのがリバースサービス。相手が右利きの場合、バウンド後、バックハンド側に弾むので相手が予測していなかった場合は、甘いボールが返ってくる可能性が高くなります。ボールの左斜め上をこすって回転をかけるため、インパクト後フォロースルーではラケット面は自分の体の外側を向くような形になります。

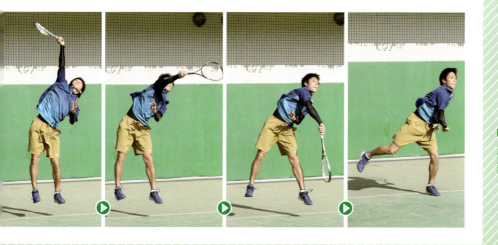

165

サービスの種類と打ち方

［カットサービス（アンダーカット）］

　カットサービスはボールに下から回転をかけてバウンドを低くし、右利きのサービスではレシーバーから見てバウンド後に左側に弾みます。バウンドが低いため、相手に攻撃的なショットを打たせない効果があり、さらに回転のかかり具合によって切れ方が変わるため、相手にバウンドを予測させづらくする効果もあります。また、ボールが落ちるまでに時間がかかるため、ネットに詰める時間を稼げるため、特に前衛はマスターしておきたいサービスです。

⚠ ポイント　ラケット面にボールを長く乗せるイメージ

　ラケットヘッドを走らせてスイングしますが、インパクトではラケット面にボールを長く乗せて回転をかけるイメージです。スイングの際に頭の位置が変わると安定したサービスが打ちにくいので、スイングを始める前からヒザを曲げ、スイング時にも頭の位置が変わらないように注意しましょう。

[バックカットサービス]

　バック側で打つカットサービスは、打球はバウンド後フォア側で打つ際と反対側、つまりレシーバーから見て右側に弾みます。フォアで打つよりも回転がよりかかりやすく、変化が大きいのが特徴です。またバックカットでサービスを打つ選手もそれほど多くないため、相手にキレ方を予測されにくいというメリットもあります。またカットサービスでは、肩の高さで打つショルダーカットサービスもスイングスピードによって回転の変化がつけられるので、習得するとインドアでは大きなアドバンテージになります。

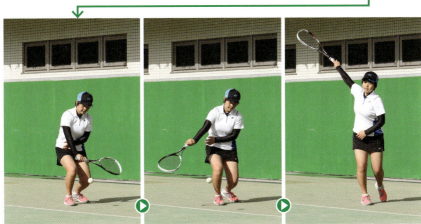

⚠ ポイント　左ヒザの前にボールを落とし、打点を安定させる

　フォアハンドは打点に幅がありますが、バックハンドは打点がひとつなので、そのポイントにしっかりとボールを落とすことがまず大切です。スイングの軌道を一定にして、腰の回転で打球を飛ばすことで、安定したスイングでキレのあるサービスを打つことができます。

練習メニューの組み方の例

ここでは実践例として文大杉並高校ソフトテニス部のある日の練習メニューを3パターン紹介します。高校のソフトテニス競技では、年間で試合が行われるため、明確に期分けを行うことは難しいところはありますが、だいたい4月以降から夏にかけては試合期、11月以降はトレーニング期となります。基本練習は年間を通じて行いますが、試合期はより実戦に近い練習を多めに入れ、トレーニング期はフィジカル面を向上するための練習を多めに取り入れます。

●試合期:通常の練習／4月前半の授業後の練習

試合期がスタートしていますが、
入部したての生徒たちも加わり、基本練習を多めに取り入れていきたい時期。
基本練習のほか、2〜3生は、弱点克服のためのメニューにも取り組みます。
練習時間：3時間15分

【練習内容と時間の目安】
- ●ウォーミングアップ(体操、フットワーク、各種ダッシュ、アジリティトレーニング)＝30分
- ●ショートストローク／ボレーボレー＝10分
- ●ストローク練習＝30分
- ●サーブレシーブ＝30分
- ●前衛の30秒ボレー＝30秒×4回×人数
- ●後衛の連続打ち＝20分
- ●前衛の移動ボレーとスマッシュ＝クロス、逆クロス各10周
- ●後衛のランニングストローク＝20分
- ●サーブレシーブの応用＝10分×2回
- ●1ゲームマッチ
- ●ファイナルゲーム

練習のポイント

前衛練習、後衛練習をそれぞれ2種類入れています。また、試合勘を養う意味で練習の最後に1ゲームマッチやファイナルゲームを取り入れています。

●試合期:試合直前の練習／7月の授業後の練習

年間スケジュールの中でも最も重要な試合が迫った時期は、
実戦に近い練習を増やしていく。
後衛と前衛のペアが同じコートに入って行うコンビネーション練習や、
ゲーム形式練習でポイントの取り方を磨きます。
練習時間： 3時間15分

【練習内容と時間の目安】

- ●ウォーミングアップ（体操、フットワーク、
  各種ダッシュ、アジリティトレーニング）＝30分
- ●ショートストローク／ボレーボレー＝10分
- ●ストローク練習＝30分
- ●サーブレシーブ＝30分
- ●ゲーム形式＝レシーブからのゲーム形式／
  サーブからのゲーム形式
- ●ゲーム練習
- ●課題克服練習

練習のポイント

試合を想定してゲーム練習やゲーム形式の練習を多く取り入れるようにします。セオリーや戦術的な練習、2人のコンビネーションプレーを重視するような練習を入れます。ゲームをやった後にはそこで見えた課題を克服する練習の時間を設けています。ストロークに課題があったらストロークの練習というように、ペアで課題を見つけて練習をします。

●トレーニング期／1月中旬の授業後の練習

インドアの試合も行われる時期ですが、
文大杉並高では屋外シーズンをメインターゲットにしているため、
この時期はその屋外シーズンに向けてパワーやスピードの向上を図ります。
そのため、トレーニング要素の強いメニューを多く取り入れています。
練習時間： 3時間15分

【練習内容と時間の目安】

- ●ウォーミングアップ（体操、フットワーク、
  各種ダッシュ、アジリティトレーニング）＝30分
- ●ショートストローク／ボレーボレー＝10分
- ●ストローク練習＝30分
- ●サーブレシーブ＝30分
- ●スピード養成練習／スタミナ養成練習
- 例）**Menu048**　7本打ちからの1分間
- 例）**Menu039**　10本ボレー（ノーミス）

練習のポイント

練習の中でスピード養成練習、スタミナ養成練習を取り入れていきます。体力を使う練習を多くします。文大杉並ではウエイトトレーニングを行っていないため、練習の中で体力的な負荷をかけるようにしています。テニスをやりながら、動きの中でスピードやスタミナを養成していきます。

野口英一監督の 50音テニス語録

ま行編

ま まもりも勝ち

攻められるボールと、攻められないボールを見極めよう。苦しいボールを無理に攻めればミスが出ます。いい試合をするものの勝ちきれない選手の特徴でもあります。ソフトテニスでは、相手に深いボールを「預ける」場面をよく見ます。相手が攻められないボールをうまく使って、展開を変えながら勝機を探っていく。守りは勝ちの素だ、とも言えますね。反対に、攻めるべきときに守るのもNGです。

み ミスをこわがるな

ミスは勝敗を左右します。だからこそ、「相手のミスを誘うこと」や「自分がミスをしない方法」を練習で日々、試行錯誤しているはずです。それだけ毎日繰り返しても、練習でできたことが試合ではできなくなる。思い切り振れていたラケットが、試合では振れなくなる。そんなとき、どんな声をかけてあげればいいのでしょうか。いろいろ試しましたが、選手に伝わりやすかったのが「ミスをこわがるな」でした。攻めにフォーカスすると、いつの間にか無心でプレーできるようになる。「弱気」が入り込む隙を与えないための工夫です。

む 難しいことをやさしく

プレーヤーの心理はしばしば、簡単なことを難しく考えてしまうものですが、どうシンプルに考えるか。それは人に教えるときも同じです。難しく伝えるのではなく、やさしくシンプルに。初心者にとっては「すべてが難しい」ものですが、まずはその心理を分かることが指導する者の第一歩でもあります。

め 目は心

「目は心の窓」とも言うように、生徒たちの目を見るとどんな子かだいたい予想できます。選手にとっての目は、今の心の状態を、外に向かって「見せて」しまうものでもあります。がっかりしたり、喜んだり。特に前衛は相手との距離が近いので、いつも「観察されている」ことを忘れずに。

も もう一回の心

練習の最後を、ミスで終わる子がいます。片や、「もう一本お願いします」と食らいついてくる子もいる。本人の覚悟にもよりますが、そういう声が出る子が、上達が早いものです。コートに立つ選手には「もう一回、頑張ってみよう」という気持ちを自ら奮い立たせてほしいと思っています。また、競技だけではなく、子どもたちは様々な失敗や過ちを繰り返すものですが、そんなとき、私は「もう1回だけ許してみようか」「今度はやってくれるんじゃないか」と考えてしまう方です。何度目かの「ラストチャンス」が、その子を救うこともあると信じています。

行編

ら ラケットを自分の手に

　卓球やバドミントンといった道具を片手で扱うスポーツの中で、テニスラケットは重い部類に入ります。つまり、それだけ扱いが難しい。ミスの起きやすい競技です。さらにプレッシャーがかかる状況で、道具を操作しようとすれば、余計にミスはついて回るものです。もっともプレッシャーがかかる場面で意のままに道具を扱いたいなら、そのラケットを「自分の一部」にするしかありません。そのためには、何千球ものボールを打つしかありません。

り リードが勝ちのもと

　1本、先にポイントを取れば、あとは「2本連続で取られさえしなければ」ゲームで負けることはありません。先行し、ポイントで有利に立つ側はメンタル面でも余裕を持ってプレーできます。一方で、2点リードしたことで気が抜けてしまい逆転を食らうことも多いものです。私たちが「2の法則」と呼ぶ、勝負の落とし穴です。この落とし穴にはまらないためには、2本連続でミスをしないということも勝利のためには重要でしょう。

る るすを守れるチームが強い

　レギュラーが遠征に出かけている間、学校で練習するメンバーもいますが、監督もコーチもいない、この留守組の様子が「強いチーム」かどうかのバロメーターになります。留守組も、自分たちがレギュラーになるためにいい練習をする。そういう気持ちが強くあれば、必ずチャンスはきます。そういうチームは、遠征先の監督も安心して試合に集中でき、また学校に戻ったときに新たな選手たちが台頭して、その後に活躍してくれることが多いのです。

れ 礼儀は心

　強いチームは接していて気持ちのいい人たちであることが多く、プレーする人の心や思いが試合のパフォーマンスにつながっている気がします。礼儀は、場面や相手の状況に応じて気持ちを表すもの。ルーティンではなく、そこに相手への思いがなければ、ただの自己満足になってしまいます。プレーも同じで、ダブルスではパートナーの立場や思いが汲み取れているか、相手を尊重できるか、我慢できるかが大切。2人のプレーがかみ合ってこそ、成果が出せるのです。

ろ ロブは強気で

　ロビングは「しのぎ」「守り」のイメージが強いショットですが、私は「ロビングで攻撃する意識を持とう」と話しています。ピンチを脱するために、リスクを避けて次の展開につなぐショットですが、それを「攻めの手段だ」ととらえ直せたらいいと思います。例えば、深いボールを正確に打てれば、それが攻撃にもなります。

野口英一監督の 50音テニス語録

ゆ ゆるす心

　練習でも試合でも、チャレンジするのだけれど、できないこともあります。成長過程なら当然のことなのに、つい指導者は「なんでできないの？」と言ってしまいます。指導者はミスを怒る前に、ミスが起きたショットの練習をできていたかと省みたいところです。選手同士でも、パートナーのミスを攻めるのではなく、「気にしない！」と声をかけて、メンタルが下向きにならないようにするべきでしょう。

よ よろこびは明日への力

　よろこびとは、大きな勝利だけではありません。以前はできなかったことができるようになった。ペアと心を通じる瞬間があった。そうした日々の小さな課題が一つひとつクリアされることが、また次への力となります。大切なのは、よろこびを感じる力、感性を身につけることなんだと思います。

わ ワッショイ ワッショイ

　ソフトテニスを特徴づけるものに団体戦の応援があります。個人戦では絶対に勝てない相手に、団体戦で勝つ不思議。選手たちを後押しするのは、苦楽をともにした仲間です。声をからすその思いが、時に不思議な力をくれることがあるのです。

ん んと納得

　コートでのアドバイスに、「ハイッ」と答えた選手が、全然違うプレーをしてみたりする。言葉で、心を伝えるのは難しいものです。何気ないおしゃべりでも、試合中の戦術論でも、何かを伝えて、「ん！」と納得してもらえるかどうかは、大きな意味があります。最終的には、言葉ではない信頼関係を築いていければ最高ですが、それはふだんの行動やコミュニケーション、共感を積み重ねていくことでしか生まれないのです。一つひとつのやりとりは頼りなくても、1日1日、そのつど必死に言葉にして、動いて、互いに伝え合うしかないのでしょう。

CONCLUSION
おわりに

　本書の中には「50音テニス語録」を収録しています。これは私が日頃から生徒たちに伝えていることで、心の部分の大切なことを記したものです。

　日野第二中学で指導をしていたときは、ジュニア育ちの選手は一人もおらず、初心者にしか教えたことがありませんでした。全員が中学で初めてラケットを持った生徒で、そこから全中で優勝するところまで持っていくことは容易ではありません。技術だけではなく、心を育てていくことも、とても重要でした。

　3学年すべての選手を見ることはできないので、練習の指導は当然3年生が中心となります。1、2年生は3年生の試合を見て感動して、自分もああいう3年生になりたいとモチベーションを高めていきます。

「3年生のようになりたい」と思われる先輩になるには、ただ強いだけではなく、人間的に尊敬される選手でなければいけません。コート整備を率先してやり、下級生のことを考え、自分のプレーもしっかりやる。日頃の積み重ねによって、誰からも応援される選手になっていくことができます。初心者集団で日本一が取れたというのは、技術を磨くことはもちろん、心の部分も兼ね備えることができていたからだと思います。また、昨年高校生ペアとして全日本を制し、この本でもモデルを務めてくれた、林田リコ＆宮下こころペアは、誰からも応援される選手です。それが、快挙につながったと思っています。

　ソフトテニスの良いところは、ダブルスということ。お互いのことを思い、支え合うことができなければ、勝利をつかむことはできません。現在の教育界ではいじめの問題など、いろいろな社会問題がありますが、ソフトテニスは社会生活の基本を学ぶことができます。コミュニケーションをしっかり取って、相手のことを考え、理解する。これは社会に出てからも大切なことであり、小学生、中学生の時期にソフトテニスを経験するということは、人生においてとても大きなことだと思います。

　みんなから応援される、尊敬される選手を目指して、一生懸命練習に取り組んでください。本書がソフトテニスの普及、発展に少しでも役に立てれば幸いです。

野口英一

著者&チーム紹介

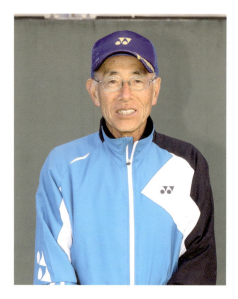

〔著者〕
野口英一 のぐち・えいいち

1950年、東京都出身。日野市立日野第二中学校では、指導2年目で都新人戦にて女子が個人戦で優勝、団体優勝を果たし、男子は団体4位の実績を残す。1994年には都道府県対抗女子優勝、1997年全国中学校大会女子団体3位、1999年全国中学校大会男子団体優勝などの実績を残した。2003年から文化学園大学杉並中学・高等学校(文大杉並)のソフトテニス部監督に就任。日野第二中学校での指導経験をもとに、同校を32年ぶりの選抜優勝に導き、国体2連覇、インターハイ団体、個人ともに2連覇など数々の実績を上げる。2016年には教え子の林田リコ、宮下こころペアが高校3冠を達成(選抜、インターハイ団体と個人、国体にて優勝)し、2017年にはインターハイ個人・団体で2連覇、国体2連覇に加えて67年ぶりの快挙となる高校生による皇后杯制覇という快挙を成し遂げた。

〔撮影モデル〕
高倉和毅、山根稔平、林田リコ、宮下こころ（写真左から）

〔撮影協力〕
文化学園大学杉並高等学校ソフトテニス部

デザイン／有限会社ライトハウス
　　　　　黄川田洋志、井上菜奈美、藤本麻衣、石黒悠紀、岡村佳奈、坪井麻絵
写　真／川口洋邦、菅原淳
編　集／田辺由紀子
　　　　　佐久間一彦（ライトハウス）

身になる練習法
ソフトテニス　攻撃力を高める技術と戦術

2018年8月31日　第1版第1刷発行
2021年1月31日　第1版第2刷発行

著　者／野口英一

発　行　人／池田哲雄
発　行　所／株式会社ベースボール・マガジン社
　　　　　　〒103-8482
　　　　　　東京都中央区日本橋浜町2-61-9 TIE浜町ビル
　　　　　　電話　　03-5643-3930（販売部）
　　　　　　　　　　03-5643-3885（出版部）
　　　　　　振替　　00180-6-46620
　　　　　　http://www.bbm-japan.com/
印刷・製本／広研印刷株式会社

©Eiichi Noguchi 2018
Printed in Japan
ISBN 978-4-583-11078-3 C2075

＊定価はカバーに表示してあります。
＊本書の文章、写真、図版の無断転載を禁じます。
＊本書を無断で複製する行為（コピー、スキャン、デジタルデータ化など）は、私的使用のための複製など著作権法上の限られた例外を除き、禁じられています。業務上使用する目的で上記行為を行うことは、使用範囲が内部に限られる場合であっても私的使用には該当せず、違法です。また、私的使用に該当する場合であっても、代行業者等の第三者に依頼して上記行為を行うことは違法となります。
＊落丁・乱丁が万一ございましたら、お取り替えいたします。